POUR QU'IL SOIT LE DERNIER

FRANÇOIS LAMBERT

POUR QU'IL SOIT LE DERNIER

Robert
Laffont

ISBN 978-2-221-24775-4
Dépôt légal : mars 2020

Avant-propos

Avant l'affaire, je n'avais aucune opinion sur l'euthanasie, le suicide assisté, ou tout ce qui concernait la fin de vie. Le sujet ne m'intéressait pas. Je ne le comprenais pas. Dans ma famille, nous étions plutôt tous sains physiquement. Je n'avais jamais été véritablement confronté à la maladie ni à la déperdition, qu'elle soit physique ou mentale. J'avais aussi, comme tout un chacun je pense, cette idée que l'on ne pouvait maintenir quelqu'un en vie qu'en bonne santé. Si ce n'était pas possible, la personne mourait. Je n'avais jamais réfléchi à ce que les progrès de la science pouvaient générer, aussi bien du point de vue des maladies nouvelles que de la possibilité de prolonger indéfiniment la vie d'un corps. L'espérance de vie augmente et nous repoussons sans cesse la frontière de la mort. C'était la donnée la plus importante ; le reste comptait peu.

Vincent était un oncle, le fils de mon grand-père et de sa seconde épouse. Nous avions quatre ans d'écart. Il était adolescent quand j'étais enfant, puis adulte quand j'étais moi-même adolescent, et enfin adulte quand je le suis devenu à mon tour. Nous nous sommes donc connus tardivement. Mais à un moment où nous étions formés intellectuellement. De sorte que nous étions proches, jusqu'à son accident. L'affaire qui porte son nom a changé mon regard sur la fin de vie, la loi qui l'encadre, et la médecine française, extrêmement politisée et hiérarchisée, loin du cliché du généraliste de campagne qui se tue à la tâche pour ses patients.

Un jour, alors que l'affaire n'en était qu'à ses débuts, ma grand-mère, gynécologue à la retraite, m'a dit que les médecins détestaient qu'on s'occupe de « leurs affaires ». Elle les connaissait bien, en dehors de leurs cabinets. Je n'ai compris ce qu'elle entendait par là que quelques mois plus tard. Quand ils se sont servis de Vincent pour exclure ceux qui leur semblaient indésirables.

Le débat sur la fin de vie est entré dans ma vie avec fracas. En une seconde. Quand je suis passé d'être passif venant d'apprendre qu'on avait débranché Vincent, à être actif qui venait de comprendre qu'un combat était lancé autour de sa personne. Sans savoir qu'il serait exténuant, puisque la loi qui proscrit l'obstination déraisonnable allait précisément permettre qu'on s'obstine en toute impunité et ce, pendant des années.

Raison pour laquelle ce qui était un simple fait divers extrêmement médiatisé est devenu, au moment où il devait se conclure, une affaire éminemment politique. Comme si le débat qui n'avait pas eu lieu à l'Assemblée devait avoir lieu autour du chevet de Vincent.

J'ai reçu une éducation catholique, mais plus « ordinaire » que celle de la plupart des frères et sœurs de Vincent. Baptême, première communion, profession de foi, confirmation, le tout dans l'Église reconnue par le Vatican. J'ai également été inscrit aux Scouts de France durant toute mon enfance. J'opère donc une distinction, fondamentale pour moi, entre les religieux « modérés » et les « obscurantistes » : les premiers chassent Dieu, pour tenter de le trouver, quand les seconds chassent l'humain, prétendant avoir trouvé Dieu. Par exemple, dans certaines tribus primitives, il se disait que la mer était le territoire des dieux. Donc qu'on ne pouvait que la regarder, sans s'y aventurer. Pourtant, un jour, quelqu'un est allé dans la mer. Il n'y avait pas de Dieu. C'est donc qu'il était ailleurs. Autrement dit : si moi, en tant qu'humain, je peux aller sur le territoire de Dieu, c'est que Dieu n'y est pas.

Cette façon de penser constitue une désacralisation insupportable pour les obscurantistes : la Terre doit être plate, et le Soleil doit tourner autour de la Terre. Sinon : menace de châtiment. Par conséquent, celui qui veut aller dans l'eau, troubler le territoire des dieux, n'est qu'un mécréant.

Paradoxalement, ils placent ainsi l'homme au-dessus de Dieu, puisque l'eau n'est divine que parce que l'humain qui se prétend gardien le dit. Et la punition, divine également, n'intervient que par l'humain, là encore.

J'ai évidemment plus de sympathie pour les « modérés ». Je mets des guillemets, car les qualifier ainsi pourrait laisser entendre qu'ils ne sont que des demi-croyants. Alors que, de mon point de vue, ils se mettent ainsi en position de respecter les préceptes religieux, beaucoup plus que les obscurantistes. Qui ont été très présents au cours de l'affaire Vincent Lambert.

Vincent est mort le 11 juillet 2019, après des années de bataille médiatique, juridique, politique... En tout, l'affaire Lambert aura rythmé l'actualité pendant plus de six ans. Elle aura bouleversé la vie de nombre de personnes s'en étant approchées de près, ou étant impliquées de fait. C'est mon cas. Elle aura marqué sa décennie comme peu d'autres.

Si j'ai décidé de prendre la plume aujourd'hui, c'est pour donner d'elle une vision cohérente, la prendre dans sa globalité, loin des coups de théâtre hautement prévisibles qui la rendaient volontairement incompréhensible. Et réfléchir ainsi, avec du recul, sur notre rapport à la fin de vie, et sur cette loi Leonetti, et son aspect pernicieux et évangélisateur, qui a largement permis à cette affaire de prospérer.

Pour que Vincent soit le dernier, la loi française sur la fin de vie est condamnée à évoluer. J'en suis convaincu. En tout cas, je ferai tout pour.

Je suis devenu avocat pour y contribuer.

Paris, le 2 janvier 2020

1.

Le 29 septembre 2008, je suis au parc de Bercy, en train de promener les chiens dont je m'occupe, lorsque ma mère m'appelle. En pleurs, elle m'annonce que Vincent a eu un accident de la route. Il a été retrouvé à plusieurs mètres de sa voiture, comme projeté à travers le pare-brise. Sur cette route peu passante, l'accident a été signalé par un conducteur qui avait vu dans son rétroviseur beaucoup de poussière, et avait rebroussé chemin pour voir ce qu'il s'était passé. Vincent a été amené au centre hospitalier de Châlons-en-Champagne et plongé dans un coma artificiel à son arrivée.

À l'annonce de cet accident, je ne réagis pas, et reste presque neutre, comme si je ne pensais qu'à l'après pour éviter de faire face au présent : Vincent vient d'être papa, quand il se réveillera, il appréciera la vie plus que le commun des mortels. Il sera sevré de ses addictions. Il sera un homme nouveau, il renaîtra.

Le week-end suivant, nous lui rendons tous visite, ma mère, qui est sa demi-sœur, mon oncle, ses frères et sœurs, et ses demi-frères Philippon. Rachel est là, les yeux rouges et cernés, avec Clémence, leur fille née deux mois plus tôt, allongée dans un berceau. Rachel est sous tension, évidemment très impactée, semblant ne pas comprendre ce qu'il lui arrive, tout en étant étonnamment concentrée et présente, sur le pont. Alors que je la percevais plutôt comme une femme distante et un peu rêveuse, dans ce monde qu'elle partageait avec Vincent puis, récemment, avec leur fille.

Nous le visitons à tour de rôle. Lorsque Clémence commence à pleurer dans le couloir, Rachel la prend dans ses bras. Sa fille se calme instantanément, tout comme elle. Quelque chose se passe. Une fusion qui se maintiendra ensuite, chaque fois que je les verrai toutes les deux. Rachel portant Vincent pour ainsi dire à bout de bras, épuisée de le faire mais se l'imposant et refusant une aide extérieure qui la déchargerait de ce poids, ne serait-ce que momentanément. Et Rachel se ressourçant ensuite, en portant Clémence à bout de bras.

J'ai rencontré celle qui allait devenir l'épouse de Vincent en février 2006, dans les Alpes, où ma mère avait loué une maison. Je venais de rentrer d'Australie, où j'avais suivi un cursus audiovisuel, puisque ma première passion était le cinéma. J'ai écrit des scénarios très tôt, vers l'âge de dix ans. Et j'ai commencé à faire des films – de façon totalement libre – dès que j'en ai eu les moyens. Avec un résultat plus ou moins bon, mais en général invendable.

J'écrivais, je réalisais, je montais... Je tenais à peu près tous les rôles derrière la caméra. Et parfois aussi devant. Raison pour laquelle, le 14 avril 2007, je serais nommé photographe officiel du mariage de Vincent et Rachel, à Vadenay, petite ville de trois cents habitants. Le prêtre de l'église était un bon gars, un peu bougon. Il faisait rire Vincent, peu habitué à faire face à de tels prêtres – il avait grandi autour d'hommes de la Fraternité sacerdotale Saint-Pie-X. David, demi-frère de Vincent, qui soutiendrait plus tard ses parents dans leur croisade contre la fin de vie de ce dernier, s'était d'ailleurs marié avec Stéphanie dans une église de la Fraternité. Le sermon du prêtre était simple : le sexe ne devait pas impliquer de plaisir ni de désir. Sinon celui de procréer. David a maintenant neuf enfants, dont un est devenu prêtre de la Fraternité. Le contraste avec le mariage de Vincent était saisissant.

En 2006, dans les Alpes, Vincent, son frère Joseph et moi, descendions une piste, puis nous remontions, et Vincent nous payait un vin chaud en haut. Il était généreux : il ne gérait pas forcément bien son argent, mais il aimait offrir.

Lui et moi avions une réelle complicité. En revanche, pendant tout le séjour, je ne me souviens pas d'une seule fois où Rachel ait parlé. Elle prenait peu la parole. Je la distingue à peine dans mes souvenirs, toujours de côté. Il faut dire que se faire une place dans notre large famille recomposée, à trois branches, n'était pas aisé.

Pierre et Renée Lambert, mes grands-parents, ont eu ensemble deux enfants, Dominique et Marie-Geneviève, ma mère. Viviane et Jackie Philippon en ont eu trois de leur côté : Guy-Noël, Frédéric et David. Mes grands-parents étaient gynécologues, et Viviane était la secrétaire de leur cabinet, à Châteauroux, à partir de l'année 1974. Elle et Pierre, mon grand-père, ont ensuite eu trois enfants, entre 1976 et 1980 : Vincent, Anne, et Marie. Ils ont tous été reconnus par Jackie, le mari de Viviane.

Le quatrième, Joseph, est né en 1982. Le divorce entre Viviane et Jackie était intervenu seulement trois mois plus tôt. Joseph a été directement reconnu par son père biologique. Qui allait ensuite reconnaître Vincent, Anne et Marie. Joseph est ainsi l'enfant qui a pu sceller l'union de Pierre et Viviane.

Vincent est le premier de la deuxième fratrie, né le 20 septembre 1976. Il a donc été conçu en janvier de la même année, en pleine période de militantisme pour Pierre et Viviane, contre la loi Veil du 17 janvier 1975. En 2014-2015, alors en deuxième année de droit, je découvrirai en page 74 du Gaja, acronyme pour *Les Grands Arrêts de la jurisprudence administrative* : « L'intérêt donnant qualité pour agir a été admis [...] pour le chef de service de gynécologie-obstétrique à l'encontre d'une décision soustrayant à son service certains éléments pour constituer une unité spécialisée indépendante chargée des interruptions volontaires de grossesse (CE Sect. 8 janvier 1982, Lambert). » En clair, grâce à cet arrêt, un chef de service pouvait s'opposer à la création d'un service d'interruption volontaire de grossesse (IVG) dans « son » hôpital.

Mon grand-père ayant été chef départemental de Laissez-les vivre, association anti-avortement dont les membres investissaient les locaux des services IVG et s'y enchaînaient pour empêcher qu'elles ne soient pratiquées, je me disais naturellement qu'il aurait pu être le requérant. Je demandai donc copie de l'arrêt au secrétariat du Conseil d'État, qui me l'envoya. Il s'agissait bien de mon grand-père.

Pierre contestait également la nomination d'un autre médecin pour diriger le service des IVG. Selon lui, il ne pouvait y avoir création de service, et aucun autre médecin que lui ne pouvait officier au centre hospitalier de Châteauroux en tant que gynécologue. Cette stratégie n'avait pas fonctionné à l'époque. Elle fonctionnerait néanmoins avec la loi Leonetti.

Mon grand-père me dit un jour que Viviane avait une conception du catholicisme qui lui correspondait mieux que celle de ma grand-mère. Il faisait notamment référence à la Fraternité Saint-Pie-X, créée en 1970, après avoir refusé le concile de Vatican II, promulgué en 1965. J'apprendrais pendant l'affaire que Viviane avait en fait connu la Fraternité par Pierre. Celui-ci avait notamment prêté au mouvement une salle dans son cabinet de Châteauroux, pour qu'il puisse y tenir des cours. C'était avant le schisme entre la Fraternité et le Vatican. Viviane a donc fait découvrir à Pierre la religion que lui-même lui avait fait découvrir.

J'ai été, dans mon enfance, le plus proche physiquement de Joseph, du fait de notre année d'écart. Mais c'est avec Vincent que j'avais la plus grande proximité, malgré les quatre ans qui nous séparaient. J'ai toujours pensé que lui et moi nous attirions par nos différences, ce qui était une réalité. J'ai compris plus tard que nous avions en fait de nombreux points communs, avec lesquels nous composions différemment.

Mon père est juif marocain ; il a émigré au Canada. Il faisait la manche dans le métro parisien lorsqu'il a rencontré ma mère. Quelques mois après lui avoir annoncé sa grossesse, elle a coupé les liens avec lui et, enceinte, est retournée vivre chez son père, à Châteauroux, pour y accoucher. Nous étions au début des années 1980. Pierre pratiqua l'accouchement, comme il l'avait fait avec une partie des Philippon, et toute la fratrie de Vincent. Et quand mon père engagea des procès contre ma mère depuis le Canada, c'est « tout naturellement » que mon grand-père proposa à ma mère de me reconnaître. Elle lui répondit alors : « Tu sais, c'est probablement illégal. »

L'origine de mon père était un problème pour Pierre, et s'il y a bien une chose qui l'exaspère, c'est la mendicité. Ma naissance était ainsi, en elle-même et dès le départ, un échec. Une émancipation avortée de ma mère, qui l'a marquée au fer rouge de l'interdit de la rébellion, et a créé un lien inoxydable entre elle et son père.

Vincent, quant à lui, est donc le premier enfant adultérin de deux personnes qui se reconnaissaient principalement pour leur combat intégriste visant à imposer une tradition qui ne reconnaît pas, notamment, le divorce ou les enfants adultérins (illégitimes, pourrait-on dire). Il est celui des quatre enfants de Pierre et Viviane qui est allé le plus intensément dans les pensionnats et chez les scouts de la Fraternité. Il ne rentrait chez ses parents que très rarement.

Vincent était le péché originel. Et il le portait. Viviane, pendant l'affaire, dit qu'elle lui faisait visionner, sur son lit d'hôpital, *La Passion du Christ* de Mel Gibson, film très graphique montrant le calvaire du Christ avant sa crucifixion. Vincent l'appréciait, certes, mais dans son état, dans ce contexte, avec son enfance, ce visionnage prend une tout autre signification.

Lorsque j'avais entre deux et six ans, ma mère était en couple avec un homme qui fut mon père spirituel, musicien fauché et bohème. Il est resté physiquement proche de nous, même quand il ne fréquentait plus ma mère (il louait un studio adjacent au nôtre). Il le fit pour moi, car il voyait bien que ma mère ne pouvait s'occuper de son fils, au centre d'une vie faite de sacrifices et d'espoirs déçus. J'ai toujours eu le sentiment de représenter pour elle un poids, un être fragile qui ne pouvait s'en sortir dans ce monde violent. Hypersensible, comme Vincent. Un symptôme dès la naissance. Comme Vincent.

Lorsque j'avais six ans, je me suis retrouvé seul avec ma mère. Je dormais à cette époque dans ce qui était littéralement une cage, au-dessus de la douche – ma mère et moi habitions un studio dans le XIIe arrondissement de Paris. À mesure que je grandissais, ma mère avait de plus en plus de mal à me porter pour m'y installer. Et une fois dedans, je devais replier mes jambes.

Au moment de l'enterrement de Vincent, j'ai dit à Joseph que j'avais revu la maison de Rethel, dans laquelle ils avaient grandi et où je les avais régulièrement visités, enfant. Elle était, dans mes souvenirs, beaucoup plus grande que dans ma réalité d'adulte. Et ne comportait finalement que très peu de chambres. J'ai du coup demandé à Joseph de me dire lesquelles étaient à qui. Il m'a répondu en oubliant un des enfants :

« Et la chambre de Vincent ?

– Ah oui, tiens, du coup, bonne question ! »

Vincent, à six ans, âge clé dans la construction de l'esprit et dans notre parcours, s'est vu annoncer que son père biologique était Pierre Lambert, et non Jackie Philippon. Il y avait ainsi une forme d'abandon, au même âge, pour nous deux. Encore une fois, je ne le savais pas avant l'affaire. Je me doutais que nous partagions un certain vécu, qui avait formé nos esprits, sans savoir que c'était à ce point.

Après son accident, je lui rends visite toutes les semaines. Son corps est rempli de tubes, y compris dans le crâne. Un jour, au début, j'offre à Rachel le

DVD de *À propos d'Henry*, de Mike Nichols, film américain aux références communistes – son médecin s'appelle Marx et son infirmière, rousse, est surnommée « Red » par le personnel –, dans lequel un riche avocat new-yorkais tombe dans le coma, se réveille, et réapprend à vivre, doté désormais d'une âme pure. Il découvre notamment avoir menti pour innocenter un riche client, attaqué par des petites gens victimes d'un lobby – médical en l'occurrence. C'est Marx et Red qui lui ont finalement enseigné que vouloir gagner de l'argent à tout prix n'avait pas que du bon.

Nous avons vite compris que, pour Vincent, cela ne se passerait pas de cette façon. Après quelque temps dans le coma et une sortie du coma artificiel ratée, nous commencions à connaître les dates butoirs, la consolidation après un an, le fait qu'il ne pourrait jamais plus marcher après quelques mois seulement. Nous avions aussi vu apparaître les rétractions tendineuses : les muscles se raidissent, se contractent, les gros orteils sont tendus vers l'avant, comme chez les danseuses, les mains se replient vers l'intérieur, les pouces tendant à se rapprocher des avant-bras. C'est extrêmement douloureux. Et si on tente de le faire consciemment, le corps génère une douleur qui nous empêche de continuer. Pour les patients dans l'état de Vincent, le corps ne l'empêche pas. Au contraire, les membres se rétractent inexorablement. À tel point que la forme des os s'en trouve modifiée. Il est allongé sur le dos et ses jambes squelettiques forment un arc de cercle vers l'intérieur du lit.

En plus de ses séances de kinésithérapie, les infirmiers nous demandent donc de le masser lorsque nous le visitons, pour tenter de retarder l'inévitable. Mais à terme, quelques mois après leur apparition, les rétractions tendineuses durcissent les membres, qui deviennent comme du béton, comme les branches d'un arbre sec et dur qu'on ne peut plier, mais seulement casser. On arrête alors la kinésithérapie, plus douloureuse qu'autre chose. S'il avait pu se réveiller à ce moment-là, Vincent aurait été tétraplégique.

Mes visites s'espacent avec le temps. Lorsque je lui rends visite à Châlons, je reste le week-end à Reims ou à Vadenay, chez Rachel, avec Clémence. Puis, lorsqu'il est hospitalisé à Reims, ville beaucoup plus accessible depuis Paris, je fais des sauts de puce, pendant la journée.

Entre le 17 mars 2009, six mois après l'accident, et le 23 juin 2009, Vincent effectue un séjour à l'hôpital spécialisé de Berck-sur-Mer, pour y être stimulé. Ces trois mois sont une sorte de période d'essai ; si Vincent ne réagit pas à la stimulation, il ne pourra pas rester. Le 2 mai 2009, nous célébrons les quatre-vingts ans de Pierre au parc d'attractions de la ville. Nous nous déplaçons tous, sauf Rachel qui a déjà emménagé à Berck, pour ce long week-end au cours duquel nous rendons visite à Vincent chaque jour.

Les trois mois ne sont pas concluants : les résultats obtenus à la stimulation sont nuls. Vincent quitte alors Berck pour rejoindre la résidence des Capucins du Centre hospitalier universitaire (CHU) de Reims, du 23 juin 2009 au 5 juillet 2011. Rachel entend ensuite parler d'instituts spécialisés, capables de sonder les patients dans l'état de Vincent pour connaître précisément leur degré de conscience et cibler ensuite les soins d'après le résultat de ces expertises. Il existe, à l'époque, trois centres de ce type dans le monde, m'explique Rachel, dont un seul sur le continent européen, en Belgique : le Coma Science Group de Liège, du professeur Steven Laureys.

Rachel organise tout. La semaine de tests coûte 10 000 euros, elle en met 5 000 de sa poche, le reste est pris en charge pas la Sécurité sociale, après passage devant une commission. À l'issue de cette semaine, du 5 au 12 juillet 2011, Vincent est diagnostiqué « en état pauci-relationnel ». Son état est consolidé, ses lésions cérébrales irréversibles, et on peut parfois détecter un peu de conscience, mais pas au sens où on l'entend traditionnellement – Vincent n'a aucune conscience de son état, pas plus qu'il n'est en capacité d'organiser ses pensées dans un raisonnement logique. Il s'agirait plutôt de la perception de sensations, notamment de souffrances, ce que l'on peut supposer au vu de son état physique. Toute communication avec lui demeure impossible.

À l'issue de cette semaine, Steven Laureys propose à Rachel une euthanasie, en présence des parents de Vincent, qui lui disent que la décision lui revient. Comme alternative, le professeur propose de tenter de communiquer avec Vincent, et de le stimuler pour augmenter sa conscience, en réalisant des tests précis. Rachel choisit de ramener Vincent au CHU de Reims, d'abord aux Capucins (du 12 juillet au 16 novembre 2011), puis à l'hôpital Sébastopol. Duquel il ne sortira plus.

Mes visites s'espacent encore. Je vais le voir environ tous les trois mois. Mais je me souviens le trouver extrêmement présent à son retour de Liège. Selon Rachel, c'est souvent le cas, désormais. Ce jour-là, elle lui a acheté un gel douche, dont elle pousse la bouteille sous son nez, pour que les effluves parviennent à ses narines. Il semble ruminer, la lèvre supérieure se baissant au maximum, comme pour rallonger son nez, puis se rétractant au maximum, comme pour le boucher. Il répète ce geste de mastication à plusieurs reprises, avec des mouvements amples et appuyés. Ce n'est pas du tout naturel, mais cette réaction laisse penser qu'il est présent. Rachel lui parle ensuite doucement, puis subitement très fort. Il sursaute. Là encore, c'est trompeur, cela peut être purement physique. Mais je suis malgré tout persuadé qu'il est là, et j'encourage Rachel à continuer, ce qu'elle fait, pleine d'espoir.

Je m'en suis voulu ensuite. Elle le voyait tous les jours, elle savait que ce n'étaient que des réactions physiques de l'ordre du réflexe, mais mon regard « neuf » et inexpérimenté – après une période sans visite assez longue – l'avait poussée à croire qu'il allait revenir. Cela m'a rappelé Viviane, la mère de Vincent, influençable, qui voyait des signes de sa présence dans le moindre de ses gestes. Nous devions systématiquement la reprendre. Et elle nous répondait toujours : « Oui, je sais, il ne faut pas surinterpréter. »

Lors d'une autre visite que je lui rends quelques mois plus tard, il y a des travaux en bas de la rue. Le bruit du marteau-piqueur venant de la fenêtre, sur son côté gauche, doit le gêner, puisqu'il colle alors son oreille contre son oreiller. La fois d'après, je lui apporte une compilation de musique que je lui ai préparée. Nous avons des goûts musicaux proches, ma façon d'être présent est de lui offrir régulièrement des disques (il y en a eu une vingtaine en tout). Je passe ainsi des heures à les soigner, pour choisir les pistes et leur enchaînement, niveler le volume, etc. Chaque compilation est un voyage, avec de la musique plutôt douce. « Dépressiogène », disait Vincent.

Ce jour-là, je lui en fais écouter une nouvelle, et, dans un réflexe, il colle son oreille gauche contre son oreiller, dans un geste similaire à celui qu'il exécutait lors des travaux peu de temps avant. Le petit lecteur de CD est sur sa gauche, près de la fenêtre. Je décide de baisser le volume, mais il garde la même position pendant les quatre-vingts minutes que dure l'enregistrement. Sans doute, ai-je alors pensé, devait-il y avoir deux catégories de son pour lui : les sons dérangeants, et ceux qui ne le sont pas. Aucune sous-catégorie ni nuance.

Rachel s'est isolée de plus en plus à partir de 2011. Jamais je n'ai entendu Clémence parler, alors qu'elle a plus de dix ans maintenant. Joseph, son parrain, non plus. Nous avons la sensation de déranger. Rachel devient fuyante également avec moi, le plus proche d'elle pourtant. Je ne vois donc pas ce qui se construit dans son esprit, petit à petit. Mais elle nous rend progressivement tous, sans distinction, responsables de ce qui se passe, refusant systématiquement notre aide mais nous reprochant, en creux, de ne pas l'aider. J'ai la sensation que cette façon de penser s'est renforcée à mesure que les mauvaises nouvelles tombaient. Jusqu'à l'inévitable.

2.

Le 25 avril 2013, vers 10 heures du matin, je reçois un appel de Joseph. Je travaille alors pour une entreprise liée au dispositif de 1 % logement. Une mission d'intérim parmi d'autres, telles que je les enchaîne environ six mois par an ; le reste de l'année, je me consacre à ma passion, le cinéma.

Joseph essaie de me parler posément, mais je peux sentir chez lui une colère contenue. C'est le frère le plus proche de Vincent : il avait beaucoup d'admiration pour lui, teintée de tristesse de le voir aussi sombre et révolté. Joseph mentionne Guy-Noël Philippon, demi-frère de Vincent, qui a rendu visite à ce dernier avec Marie, sa sœur, la veille. Ne voyant plus de poche d'alimentation, ils ont demandé au personnel soignant ce qu'il en était. Les infirmières ont semblé surprises.

« C'est comme ça qu'on a appris que les traitements de Vincent avaient été arrêtés depuis plus de dix jours, parvient-il enfin à formuler.

– D'accord.

– Et que Rachel était au courant mais qu'elle n'a rien dit à personne. »

Au sein de notre famille, la fin de vie de Vincent n'était pas un sujet tabou. Nous l'avions déjà évoquée lors d'un repas de famille dans le Sud, à Mollans-sur-Ouvèze, chez Pierre et Viviane. Cette dernière avait elle-même admis que Vincent n'aurait pas voulu vivre dans cet état, que c'était horrible de le voir ainsi et que le professeur Laureys était même allé jusqu'à proposer une euthanasie à Rachel. Et quand je lui demandais ce qu'elle en pensait, elle me redisait ce qu'elle avait répondu à Steven Laureys.

Les membres de la famille de Vincent, parents, frères, sœurs, demi-frères, demi-sœurs, et moi-même, avions donc déjà envisagé une mort provoquée de Vincent. Nous ne savions simplement pas qu'elle était déjà lancée ou sur le point de l'être.

Après en avoir discuté ensemble, Joseph et Marie ont décidé d'alerter leurs parents. Joseph habite alors en Avignon. Dans la précipitation, il prend sa voiture et conduit jusqu'à Mollans, pour être présent quand Marie les appellera pour les prévenir. Joseph et ses parents partent le soir même pour Reims, sans réfléchir, y arrivant le lendemain matin après une nuit à rouler. Viviane est très tendue, elle enchaîne les prières. C'est à cet instant que Joseph m'appelle. Je reste plus ou moins spectateur, froid, pour me protéger et garder mon calme. Mais j'éprouve malgré tout une grande déception. Pour

Vincent. Il aurait mérité autre chose qu'un nouveau psychodrame au moment de sa mort.

La volonté des parents est à ce stade confuse : ils veulent qu'on le rebranche pour que les choses se fassent « autrement » – ce qui peut signifier qu'elles se fassent *bien*, ou *pas du tout*. Ils parlent de reprendre ses traitements le temps qu'on lui dise adieu et qu'on voie ensuite « comment on fait ».

Je décide de les accompagner, pour que les choses restent intrafamiliales d'une certaine façon, et je contacte tout de suite un avocat de ma connaissance, qui me renvoie vers un de ses confrères spécialisé en droit de la santé. Je l'appelle et lui présente les choses de cette façon : le maintien en vie de Vincent le temps qu'on lui dise tous adieu.

En écrivant ces lignes, des années après, je comprends combien demander à le rebrancher pour convenances personnelles n'est pas du tout respectueux de sa personne. Mais tout cela s'est passé très vite, et j'ai également agi de cette façon pour court-circuiter les parents de Vincent, dont je craignais qu'ils soient tentés par les conseils de leur milieu.

L'avocat me dissuade d'engager une procédure : il est selon lui très compliqué de revenir en arrière une fois un arrêt de traitements décidé. La première chose que je fais ensuite est de lire la loi Leonetti du 22 avril 2005, mentionnée par l'avocat au téléphone, qui encadre la « fin de vie » en France, et sur laquelle repose la décision d'arrêt des traitements. Je découvre que celle-ci interdit aux médecins de s'acharner, et protège le patient pour éviter qu'il ne souffre. Si le médecin considère qu'il s'acharne, il doit alors engager une procédure collégiale, qui fait intervenir un médecin extérieur (choisi par lui) avec lequel il n'entretient pas de rapports hiérarchiques, et l'équipe médicale. Les avis de ces personnes ne sont que consultatifs.

Je remarque tout de suite le caractère flou de la loi (votée à l'unanimité à l'Assemblée nationale en 2005). Dans mon esprit « justicier », je note déjà que c'est une décision qui tombe du ciel lorsque le médecin décide de ne pas s'acharner. Et que ce dernier est donc juge et partie pour ce qu'il a le droit ou non de faire. Selon probablement ses propres critères.

Dans le cas de Vincent, les tests conseillés par le professeur Steven Laureys ont été effectués jusqu'à fin 2012, date à laquelle ses oppositions aux soins se sont de plus en plus manifestées. Une procédure collégiale a alors été engagée par le docteur Éric Kariger, chef de pôle et chef de service des soins palliatifs, en présence de Rachel. Éric Kariger a décidé ensuite de l'arrêt des traitements. Ce sont les docteurs Daniela Simon et Ana Oportus qui lui auraient conseillé de ne pas prévenir les parents de Vincent. Ce à quoi ce dernier s'était opposé en appelant Viviane le 5 avril 2013 – soit une vingtaine de jours avant que Marie ne rende visite à Vincent et ne découvre qu'il n'était plus alimenté.

Viviane était alors dans le train pour Reims. Arrivée au CHU, elle a été vue en entretien avec les docteurs Kariger, Simon et Oportus, ces deux derniers étant hiérarchiquement au-dessous du premier, mais s'occupant de Vincent au jour le jour. Le docteur Kariger demande à Viviane de réfléchir à la possibilité de laisser partir Vincent, au vu de son état et de ce qu'il aurait lui-même souhaité. Le docteur Daniela Simon lui donne à peu près le même avis, tout en insistant sur le fait que le cheminement doit amener à accepter de laisser partir Vincent – ce départ n'est ainsi plus une possibilité mais une certitude. Ana Oportus est plus autoritaire : selon elle, l'arrêt des traitements aura lieu quoi qu'il en soit. Viviane doit se faire à cette idée.

La mère de Vincent demande un temps de réflexion et promet de leur donner une réponse rapidement. On lui fait comprendre que ce n'est pas à elle de décider. L'entretien se finit là-dessus ; rendez-vous est pris avec Éric Kariger pour mai. Rachel attend sa belle-mère à la sortie. Viviane tente de lui parler de Clémence, qu'elle n'a pas vue depuis des années, mais Rachel ne veut parler que de la décision d'arrêt des traitements.

Elle est prise le 8 avril par Kariger, avant qu'il ne parte en week-end. Le 10 avril, les docteurs Simon et Oportus débranchent Vincent en son absence. Lorsque Kariger s'en aperçoit à son retour, il choisit de ne rien faire et d'attendre. Rétrospectivement, il concédera que c'était la moins bonne chose à faire. Il aurait plutôt dû ordonner à son équipe de le rebrancher le temps de prévenir les parents, ou de ne pas le rebrancher tout en les prévenant pour tenter d'arrondir les angles.

Quand je parlerai de tout cela à Rachel, quelques semaines plus tard, elle prétendra nous penser informés.

« Si on l'avait été, on serait venus ! On a toujours été là quand il se passait quelque chose pour Vincent. »

Ce n'était évidemment pas à Rachel de nous prévenir, mais bien plutôt aux médecins de ne pas prendre parti dans un conflit familial qui n'était pas encore visible, mais en gestation depuis des décennies. Les médecins n'ont fait que provoquer les événements qui manquaient pour qu'il y ait explosion. Mais ils les ont provoqués.

Je me rends à Reims le dimanche suivant. La famille arrive au compte-gouttes au chevet de Vincent dans le courant de ce week-end. Je reste avec Joseph et Marie, dans l'appartement de cette dernière. Tous deux appréhendent la réaction de leurs parents. Depuis toujours, lorsqu'ils évoquent le milieu de la Fraternité, dans lequel ils ont été élevés, ils sont critiques, mais également exclusifs, presque secrets. Ils en parlent entre initiés, et excluent plus ou moins consciemment ceux qui sont critiques sans en avoir fait partie. Ce moment n'échappe pas à la règle. Ce qui paradoxalement va dans le sens de leurs craintes : que le « milieu » ne prenne le dessus.

Quelque chose dans mon esprit fait que je bloque tout sentiment à cet instant. Comme pour éviter que tel ou tel ressenti ne puisse s'exprimer, prendre le dessus. En espérant que les parents aussi mettent le leur de côté.

Rendez-vous est pris pour déjeuner avec les parents dans un établissement de la banlieue de Reims. Sur l'immense parking, David arrive, dépose les parents de Vincent, et repart tout aussi rapidement. Lorsque nous nous asseyons, Viviane a l'air remonté. Mon grand-père, du genre taiseux, est très énervé. Il lâche une seule phrase d'une voix fluette, qui n'a pas l'habitude de s'emporter, et tremblante, sa rage étant contenue dans les tremblements : « C'est une euthanasie ! » J'essaie de lui parler, mais je n'ai pas l'impression de l'atteindre. Viviane, quant à elle, me scrute en silence.

Cette ambiance fait que je ne suis pas en phase avec ce qui se passe. L'idée que Vincent ne reviendra pas, je m'y suis habitué. Mais dans mon esprit, l'arrêt des traitements et l'attente d'une éventuelle réaction des parents de Vincent sont au même niveau. Cette dernière bloque du coup le recueillement dans lequel on pourrait s'installer dans l'attente du décès.

Nous mangeons puis repartons. Toujours sans obtenir aucune nouvelle de Rachel. Je ne l'appelle pas, mais je sais que les parents ne cessent de tenter de la joindre. Elle ne répond plus à personne.

Il est temps pour moi de dire adieu à Vincent. Il n'y a pas, je pense, moins spirituel, moins émotionnel, que cet adieu-là. Je ne sais absolument pas quoi dire. Il a les yeux grands ouverts, plongés dans les miens. On a beau savoir que cela ne veut rien dire, c'est très étonnant. Et surtout, il nous suit. En réalité, ses yeux ne suivent qu'une forme qui bouge, et ils s'arrêtent lorsqu'on s'arrête. Mais pas forcément sur nos yeux. Ce peut être sur une autre partie du corps. Ce peut être à côté du corps.

Mais lorsque son regard fixe le nôtre, c'est très perturbant. On peut alors y projeter ce que l'on veut. De la détresse, de la tendresse… j'y vois à cet instant précis une sorte de jugement, de type « n'importe quoi ! ». J'avais effectivement l'impression de dire n'importe quoi. « Bon, voilà, alors du coup, bon, tu es en train de partir, donc bon, je te dis adieu, on ne se reverra plus… »

Quand les parents de Vincent sont arrivés à l'hôpital quelques jours plus tôt, le 25 avril, ses yeux pleuraient. Conjonctivite, a dit l'équipe soignante. Je n'ai aucune raison de mettre en doute ce diagnostic, je n'ai jamais pensé qu'il y avait un complot pour supprimer Vincent. En revanche, il était déjà évident qu'il y avait eu une volonté de tenir une partie de la famille éloignée. Pour les parents de Vincent, ces façons de faire allaient devenir un « complot ». Et les larmes de Vincent, un appel au secours.

Ils auraient donné un accord de principe pour l'euthanasie de Vincent face à Steven Laureys, mais il s'agissait alors d'une décision individuelle, pas de la volonté d'une société de se débarrasser des handicapés, comme ils l'affirmeraient ensuite.

À l'issue de ce week-end, je rentre chez moi, comme la plupart des membres de ma famille.

Certains vont visiter Vincent régulièrement pendant cette période, d'autres n'y retournent plus, attendant de recevoir l'annonce de sa mort à distance. Comme moi. Les parents de Vincent appellent l'avocat avec lequel je les ai mis en contact, puis visitent le monastère du Barroux, dans lequel Frédéric Philippon, demi-frère de Vincent, a été moine pendant une vingtaine d'années, et auprès duquel ils ont choisi de s'installer.

J'avais pour ma part une sensation étrange : Vincent allait mourir en étant, quoi qu'il se passe, au centre d'un conflit. En même temps que l'arrêt des traitements, Rachel avait décidé de ne plus rencontrer personne de la famille de Vincent. Les parents, dont les opinions politiques et religieuses se nourrissent de tout ce qui les entoure, sans distinction aucune, risquaient de mixer ce qui s'était passé avec l'idéologie à laquelle ils adhéraient.

Quelques jours plus tard, l'histoire de Vincent est racontée sur le blog de la directrice de la rédaction du journal d'extrême droite *Présent* et épouse d'un de ses journalistes, qui anime une émission sur Radio Courtoisie. Vincent y est dénommé Hervé, en « hommage » à Hervé Pierra, décédé en 2006 après plus de huit ans dans le coma, affaire qui avait donné lieu à des affrontements entre médecins et proches pendant un an avant qu'il ne soit « débranché ».

Le samedi 11 mai 2013, soit deux semaines après que je croyais, que j'espérais, avoir dit adieu à mon oncle, je reçois un nouvel appel de Joseph. Il m'annonce que ses parents ont finalement fait appel à des avocats de leur milieu, qu'ils sont allés devant le tribunal administratif de Châlons-en-Champagne, et qu'ils ont demandé la reprise des traitements. Ce que le tribunal a enjoint au CHU. Ils ont obtenu cela par la voie du référé liberté. Sans prévenir personne. Sur le modèle de Rachel.

La loi Leonetti interdit l'euthanasie, c'est-à-dire notamment une interruption de la vie. Dans cette logique, il faut laisser partir lentement. Dans un premier temps, les médecins donnaient donc à Vincent 500 ml d'eau par jour, la dose de survie. Puisqu'il a survécu, on a quand même baissé la dose à 200 ml. En tout, jusqu'à l'injonction du tribunal, Vincent aura survécu trente et un jours.

Lors de l'audience, pour sa défense, le CHU a soutenu que la loi évoque la « famille », et que selon lui, la famille de Vincent, c'est Rachel. L'injonction du tribunal reposait uniquement là-dessus : les parents font partie de la famille, ils auraient donc dû être associés à la décision – dont la légalité n'a pas été discutée sur le fond.

C'est ainsi qu'une cinquantaine de personnes déboulent dans le service, Pierre et Viviane en tête, hurlant de joie. Le lendemain matin, sur Radio Courtoisie, est diffusée une émission spéciale d'une heure, rediffusée le soir même, avec Jérôme Triomphe, l'un des avocats des parents (que Viviane connaissait depuis qu'il était enfant). Le programme est animé par l'époux de la blogueuse qui a mentionné Vincent, également invitée. Ces militants sont certes peu nombreux, mais ils sont organisés, disposent d'un budget illimité, et savent faire du bruit.

Lors de cette émission, du fait de la décision de justice qui permet de lever l'anonymat d'une personne, « Hervé », qui meurt lentement dans un hôpital, devient Vincent Lambert, dont la vie vient d'être sauvée. Vincent devient ainsi malgré lui un personnage public, évoqué en premier lieu dans un média relayant une idéologie qu'il exécrait pour l'avoir bien connue.

J'écoute l'émission lors de sa rediffusion, le soir, chez moi, après que Joseph m'a de nouveau prévenu. Les intervenants y disent, entre autres : « Des autorités religieuses qui, honte à elles, ont refusé d'intervenir. Et, de tout cela il faudra rendre compte un jour au tout-puissant. [...] J'étais véritablement habité, je ne pense pas avoir plaidé seul, le ciel était avec nous. [...] Je crois qu'il nous a remerciés de ne pas l'avoir laissé tomber parce que pendant tous ces jours, il savait qu'il allait mourir, il savait qu'on allait lui supprimer son alimentation, Vincent pleurait. [...] Je dédouane cette épouse. [...] Dans ce cas-là, il faut arrêter de faire appel à la charité publique dans les Téléthon et autres manifestations, et tous ces myopathes qui sont sur leur fauteuil roulant, il faut les piquer. [...] C'est une victoire considérable pour Vincent, on pourra en parler même dans les grands médias, je l'espère. »

C'est là que je comprends que la machine est lancée, même si aucun de nous ne connaît les proportions que cette affaire prendra, ni n'anticipe quoi que ce soit d'ailleurs. C'est aussi à ce moment précis que j'arrête d'être spectateur. J'ai la sensation qu'on vient de violer l'espace intime de Vincent, et le mien, par ricochet. Et qu'on veut se servir de lui comme d'un étendard.

Le soir même, après avoir parlé avec Rachel au téléphone, j'éprouve le besoin d'écrire un texte de trois pages, en réponse à l'avocat des parents – je ne le donnerai à lire qu'aux membres de la famille. « Je ne sais pas si les médecins sont sûrs de leur coup lorsqu'ils disent que Vincent avait exprimé le souhait d'en finir (par ses oppositions aux soins). Mais je sais que vous mentez lorsque vous dites qu'il est plein de vie. Il pleure en vous voyant, dites-vous. Vous en êtes sûrs, mais qu'est-ce qui vous permet de dire que c'est parce qu'il est content de vous voir ?

« Je sais que les médecins n'ont pas fait les choses correctement du point de vue de la communication, c'est le moins qu'on puisse dire. Mais cela n'est qu'une excuse pour vous.

« Vincent venait d'un milieu religieux obscurantiste. C'est tout ce qu'il a connu pendant son enfance. Son état de détresse une fois adulte, ceux-là mêmes qui « l'aident » maintenant l'expliquaient par le fait qu'il n'avait pas trouvé la foi. Vincent a supporté pendant des années sans rien dire ces tabous qui le consumaient à petit feu, il vomissait (y compris au sens propre) votre idéologie. Maintenant qu'il ne parle plus, vous pouvez vous réjouir de le maintenir en vie de façon si sadique [Ce n'est que mon appréciation]. Et vous prétendez qu'il vous a dit merci avec les yeux ! Rien que ça ? Il ne s'est pas levé pour vous baiser les pieds, aussi, Maître ?

« Vincent était largement assez sombre pour essayer d'imaginer ce que serait sa vie dans le coma. Et l'imaginer sérieusement, comme s'il le vivait, et répéter plusieurs fois, à qui voulait l'entendre, qu'il était hors de question pour lui de vivre comme ça. Tellement prémonitoire, malheureusement (ou bien était-ce métaphorique de ce qu'il ressentait déjà à l'époque ?) !

« Vincent ne supportait pas les projections des uns et des autres sur lui et ne supportait pas qu'on lui impose un rôle, ce qu'il ressentait tout de suite. C'est probablement sur ça que nous nous retrouvions le plus, lui et moi. Nous étions des solitaires, souvent en retrait.

« Avant son accident, il était emprisonné par ce rôle qu'on lui assignait, de quelqu'un qui n'arrivait pas à gérer, tétanisé, fragile. Il était incapable de se défendre contre ça. L'histoire se répète, hélas ! Vous pouvez danser triomphalement autour de sa dépouille sans vie (si ce n'est pour les fonctions vitales), sûrs que vous êtes cette fois qu'il n'aura pas d'accès de colère ni de révolte. Il ne le peut plus.

« J'aimais la façon dont cette famille tenait malgré les tabous, les non-dits, qui sortaient petit à petit. J'aimais comme nous pouvions échanger alors que tout nous séparait. Cette famille n'est plus. Ce mouvement qui a pris le dessus aura réussi à prolonger le calvaire d'un condamné et définitivement atomisé une famille. Un combat pour la vie, vous dis-je. Maintenant que toute la famille sait (et au-delà), nous allons pouvoir reprendre sereinement le processus, en tout cas c'est notre souhait, en sachant que nous laissons sur le bord de la route des gens qui se sont exclus d'eux-mêmes. »

Le 16 mai au matin, après que l'Observatoire national de la fin de vie a fait un communiqué à propos de cette décision, je reçois à 8 h 01 un texto de Marie : « Les parents en ouverture du journal de RTL. » Ils souhaitaient cette médiatisation, il n'y a aucun doute quant au fait qu'ils présenteront la décision juridictionnelle de forme comme une victoire validant leur idéologie.

Je viens de me lever et je m'apprête à prendre ma douche. Sans le savoir encore, l'une des journées les plus éprouvantes de ma vie commence. Je n'allume pas ma radio, je ne veux pas les entendre. Je réfléchis à peine. Je pense seulement : « Non. Ce n'est pas possible. » On me rapporte la teneur de leurs propos. Sans surprise, il s'agit bien de parents ayant sauvé la vie de leur fils contre son épouse et les médecins. Mon grand-père dira à chaque interview la même chose : « C'était comme regarder quelqu'un se noyer. » Plus tard, concernant sa croisade contre l'avortement, il me dira avoir appliqué la devise du capitaine d'un bateau en train de couler : « Les femmes et les enfants d'abord. » Ce champ lexical de la noyade, qui dépasse de beaucoup le cas de son fils, lui appartient. Il symbolise ses combats. Auxquels Vincent était étranger.

Je sors de chez moi, prends un Vélib' et vais au travail. Arrivé, je m'enferme dans mon bureau, les mains tremblantes. Je ne peux pas être passif. Les parents ne doivent pas continuer à s'exprimer sans aucun contre point. Je commence donc à appeler des médias. Je trouve leurs numéros sur le Net. Je tente d'expliquer ce qu'il se passe. Je suis confus, parle très vite, réfléchis en parallèle aux prochaines rédactions à joindre. En général, ça n'aboutit à rien. Parfois on me passe le journaliste ayant traité l'affaire. Mais de toute façon il est trop tard. Certains voudraient s'entretenir avec Rachel, mais elle refuse de prendre la parole, et persistera tout au long de l'affaire. Pour rester « au-dessus », elle ne s'exprimera que dans de (rares) émissions. Laissant ainsi les parents libres de s'exprimer seuls dans les nombreux autres médias censés donner la parole à tous les camps. Attaquée, mais hors de portée, seule légitime.

J'y passe la journée, je suis épuisé au bout d'une heure, mais la nervosité me fait tenir. On me conseille de contacter l'Association pour le droit de mourir dans la dignité (ADMD). Son président, Jean-Luc Romero, est conseiller socialiste à la mairie du XIIe arrondissement de Paris. J'appelle donc le siège et je tombe sur une personne d'un certain âge, d'après sa voix. Après que je l'ai rassurée en lui disant que je ne voulais pas être récupéré et que je n'allais pas l'accuser de récupération, elle me dit :

« Ne vous inquiétez pas, on va s'en occuper. » Nous raccrochons.

Dans mes souvenirs, il s'écoule moins d'une minute lorsque je reçois un appel du *Monde*. « Bonjour, vous avez quelque chose à dire ? » Je déballe. Le journaliste me demande ensuite si d'autres membres de la famille souhaitent parler. Je lui transmets les numéros de Marie et de Joseph, d'accord pour témoigner. Le soir même, l'article paraît et me fait chaud au cœur. Il remet les choses en perspective, évoque les premiers sites à parler de l'affaire, Riposte catholique, Alliance Vita ; il évoque également le fait que Jérôme Triomphe est l'avocat de Civitas (dont le but est « la restauration de la royauté sociale de Notre Seigneur Jésus-Christ »). Joseph dénonce la « croisade idéologique » de sa mère. Il réagira ensuite sur France Culture, mais ne se trouvera pas très bon. Il arrêtera là ses apparitions médiatiques.

Le lendemain matin, sur mon Vélib', aux abords de la gare de Lyon, tandis que je me rends à mon travail, j'inspire brutalement, comme si j'avais oublié de le faire pendant plusieurs minutes. Au moment d'expirer, je me sens soudain défaillir, comme si j'allais m'effondrer, en pleurs. Je m'arrête sur le côté, tremblant. Je me promets de ne plus jamais vivre une journée comme celle de la veille, où je me suis senti totalement démuni et dépassé.

Une réalité me saisit. Elle est brutale. En face, il y a un lobby, qui vient de s'emparer de Vincent. Et qui va évoquer la vie en général, la lutte contre l'euthanasie, et la lutte contre la loi Leonetti – un premier glissement vers l'euthanasie selon ceux qui s'y opposent. Il me faudra davantage d'armes afin de me battre pour Vincent. Je décide d'entreprendre des études de droit pour devenir avocat. Par correspondance, pour rester maître de mon calendrier.

La nécessité s'impose, une question de survie face à une agression que j'estime inouïe contre Vincent, et contre ce que nous pouvions avoir de plus profond en nous. Soit j'agis, soit je sombre.

Le 21 mai, l'ADMD me transmet une liste d'adresses mail de journalistes pour que je puisse faire des communiqués. Je la compléterai au fur et à mesure. Je me rapproche d'un avocat. Les honoraires sont évidemment très élevés pour moi. Je me tourne vers mes oncles et tantes. Neveu, je ne peux rien faire, mais il ne faut pas laisser s'emmêler, comme veulent le faire les parents, la fin de vie de Vincent et l'injustice d'avoir appris l'arrêt des traitements par hasard. Nous sommes aussi victimes, et nous acceptons la décision. Il n'est pas sain de laisser Rachel y aller seule, même si c'est ce qu'elle demande. Refus net de leur part.

J'encouragerai aussi Rachel à s'exprimer, elle le fera sur France Bleu, puis je la mettrai en relation avec *Le Monde*, auquel elle donnera une longue interview le 29 mai. Le 25 juin enfin, j'écris au chargé d'affaires près la nonciature apostolique de Paris, l'ambassade du Vatican en France en quelque sorte. Qui parle donc au nom du pape François, élu deux mois auparavant. J'évoque dans cet e-mail le contexte, la personnalité discrète de Vincent, que ses parents ont exposé par de nombreuses photos fournies aux médias. Mon destinataire me répond le lendemain : « La Nonciature a déjà eu l'occasion de faire savoir qu'elle n'avait nullement l'intention d'intervenir dans le cas douloureux de Vincent Lambert. »

Quelques semaines plus tard, enfin, après le tumulte, je vais rendre visite à Vincent dans sa chambre, au CHU de Reims. J'ai l'impression que c'est à ce moment-là que je connecte mon action, confuse et effectuée dans l'urgence, à l'humain. Dans notre relation, dans notre crainte de l'intrusion, je suis convaincu que Vincent se serait demandé pourquoi je m'activais de cette façon. C'est une évidence que, de par sa distance aux choses, et de par sa timidité, il n'aurait pas agi à l'identique. Et d'ailleurs, ce que j'ai fait pour lui, je ne l'aurais vraisemblablement pas fait pour moi. La méthode pour arriver au résultat souhaité, ce serait forcément la mienne, puisqu'il n'y en aura pas d'autres. Ce combat, je le ferai donc à ma manière, en me concentrant sur deux choses : son état médical, et ses volontés. Rien de plus.

Vincent se méfiait des personnes « généreuses », sans cesse occupées à aider les autres. Ce jour-là, je lui explique que l'affaire a touché une fibre personnelle, évidemment, que nous avons parlé plusieurs fois avec les frères et sœurs, mais aussi avec Rachel, et que nous sommes tous d'accord pour dire qu'il n'aurait pas voulu vivre comme ça. « Ma hantise, c'est de finir comme un légume », m'avait-il confié un jour, sans que je puisse me souvenir de quoi nous parlions juste avant.

J'évoque aussi combien sa position d'objet malgré lui dans une comédie de boulevard de seconde zone où sa mère et sa femme se battent pour lui est selon moi un piège. Et une image affligeante dont il n'aurait pas voulu. Peu importe qui a tort et qui a raison. Dans les comédies de boulevard, l'homme geint sans cesse, se plaint, mais au final, il décide s'il est d'accord ou non. Là, Vincent n'est qu'une victime.

3.

Nous sommes en 2006, deux ans avant l'accident de Vincent. Je me trouve alors chez Joseph, en Avignon, pour le festival et les vacances. C'est le soir. Nous venons de manger au restaurant avec Joseph, Marie, Vincent, et Rachel. Nous marchons dans les rues étroites de la ville pour ramener Vincent et Rachel vers leur voiture, garée sur l'un des nombreux parkings se situant juste derrière les remparts.

Sur le chemin, nous échangeons, Vincent et moi, un peu ivres – il tient à peine debout. Marie, Rachel et Joseph sont devant. Je n'ai aucun souvenir de ce dont nous parlions, lorsqu'il passe, sans transition, mais en donnant l'impression de continuer normalement la conversation, à tout autre chose. Vincent évoque les paroles d'un prêtre de la Fraternité qui s'occupait des scouts et imite une gestuelle pour le moins explicite.

Dans un premier temps, je ne comprends pas de quoi il parle, j'essaye de faire le lien entre ces propos et notre discussion qui précède. Il me faut un peu de temps pour réaliser qu'il est en train de me raconter une agression. Son agression. Joseph s'insère alors dans la conversation et propose à Vincent de retrouver le prêtre pour lui « péter les jambes ».

De mon côté, je fais part à Vincent de mon expérience : un chef scout pédophile, que j'avais envoyé promener sans trop me rendre compte de ce à quoi j'avais échappé, car il avait agressé d'autres enfants, notamment un de mes amis. Ce dernier avait pensé porter plainte, avant de peser le pour et le contre et de se dire que cela n'en valait pas la peine. Je ne l'apprendrais que des années plus tard. Je m'étais renseigné. *A priori*, j'avais le droit de porter plainte à sa place. C'était vraiment un cas de conscience. Je ne l'ai jamais fait. Plus tard, alors que j'étais en Australie, j'apprenais qu'un autre scout arrivé à sa majorité avait, lui, lancé une procédure contre ce chef. Mon ami était alors allé le voir à Fleury-Mérogis. L'agresseur était au fond du gouffre, ne savait pas où se mettre, était incapable de le regarder dans les yeux. Face à lui, sa victime le fixait du regard pendant de longues minutes, avant de repartir, sans prononcer un mot. Cet ami m'a confié que cela lui avait fait un bien fou.

Toujours dans les rues d'Avignon, je dis à Vincent que ne pas porter plainte contre cet abbé, ne pas raconter ce qu'il a vécu aux autorités, comme il le fait là, et vouloir au lieu de cela lui casser la gueule, c'est une façon de s'enfermer dans son expérience avec lui. Nous n'allons pas plus loin dans la conversation. Arrivé à sa voiture, je m'en veux de ne pas avoir de réponse magique à lui apporter. Je le sens déçu. Il a parlé, la souffrance, le problème, devrait donc s'arrêter là. C'est ce que tout le monde croit. Et on y croit même en sachant que ce n'est jamais le cas. Lui-même le savait très bien, en tant qu'infirmier en psychiatrie. Il faut s'installer dans le temps, et continuer de parler.

En mai 2016, soit dix ans après cette discussion, l'Avref[1] publie un *Livre noir de la Fraternité Saint-Pie-X*, dans lequel elle évoque la solitude des parents qui portent plainte contre des prêtres accusés de pédophilie : ils reçoivent des appels de fidèles qui les injurient et les menacent, au motif qu'ils donnent une image négative de la Fraternité, alors qu'elle est déjà, par nature, victime d'un complot. Dans ce rapport, le patrimoine du mouvement est estimé à plus de cent millions d'euros. De fait, pour défendre les prêtres accusés, elle emploie toujours les meilleurs avocats, et les prêtres en question bénéficient le plus souvent d'un non-lieu.

Cette aisance financière et l'influence de la Fraternité dans les hautes sphères font que l'Église, qui tient à son unité, a toujours tenté de s'en rapprocher, sans vraiment sauter le pas. Elle perd des fidèles, et se rapprocher de la Fraternité risque de lui en faire perdre davantage. Benoît XVI, peu connu pour être un pape ouvert, a signé un *motu proprio* en juillet 2007 pour réhabiliter la messe

1. Aide aux victimes des dérives de mouvements religieux en Europe et à leurs familles.

tridentine (dite en latin et le prêtre est tourné vers Dieu plutôt que d'être tourné vers les fidèles) et permettre aux fidèles qui la pratiquaient de le faire dans des églises traditionnelles, à certains horaires. Le but était de préparer leur retour dans le giron de l'Église, en les mélangeant avec le reste des fidèles. Les messes tridentines se tiennent donc dans des églises classiques et non plus dans des locaux aménagés, comme ce fut le cas auparavant. Mais le mélange ne s'opère pas dans les faits, les purs de la Fraternité voulant amener vers eux les autres fidèles, et non changer les choses de l'intérieur, comme le fait par exemple l'Opus Dei – même si l'Opus et la Fraternité savent se rapprocher à certaines occasions, notamment pour porter des causes comme celle de Vincent. Ainsi, Jérôme Triomphe, premier avocat des parents, défend Civitas, proche de la Fraternité. Jean Paillot, second avocat des parents, aurait été, selon Aymeri Suarez-Pazos, numéraire de l'Opus Dei.

La Fraternité avait à l'origine provoqué le schisme avec l'Église en 1988. Son créateur, monseigneur Marcel Lefebvre, avait ordonné quatre évêques, malgré l'interdiction du pape d'alors, Jean-Paul II. La Fraternité a donc été exclue de l'Église, et les quatre évêques, ordonnés avant l'exclusion, ont été excommuniés. En 2009, Benoît XVI, continuant son rapprochement, a levé l'excommunication de ces quatre évêques. L'un d'eux était monseigneur Richard Williamson. Le jour de l'annonce du Vatican, a été médiatisée une interview dans laquelle il disait que les chambres à gaz n'avaient jamais existé.

L'Église aussi est faite de rapports de force, de courants, de recherches d'influence. Le pape François, dont les propos semblent toujours modérés, et dont les apparences et le passé sont, à l'inverse de Benoît XVI, indiscutables, a pourtant en coulisses des gestes extrêmement amènes à l'égard de la Fraternité. Selon *Le Temps*, dans deux articles parus les 2 mars et 4 avril 2016, il envisagerait d'offrir à celle-ci une prélature personnelle, dont seul l'Opus Dei bénéficie actuellement. C'est une sorte d'État dans l'État. Pour cela, il a posé des conditions, que la Fraternité refuse. Notamment concernant la liberté religieuse, la reconnaissance de l'autorité du pape, ou encore l'acceptation de Vatican II. Pour autant, cela ne nuit en rien au rapprochement : le pape fait bien des concessions et ne demande plus à la Fraternité de consacrer la liberté religieuse. La Fraternité refuse toujours, quant à elle, les autres conditions. En 2015, le pays d'origine de François, l'Argentine, a reconnu administrativement la Fraternité comme catholique. Et le samedi 2 avril 2016, le pape François a rencontré le supérieur de la Fraternité sacerdotale Saint-Pie-X.

Quelques jours après que les traitements de Vincent ont été rétablis, Rachel a commencé à préparer sa riposte juridique avec son avocat. Elle nous en a informés en nous demandant de rédiger des attestations pour évoquer notamment l'agression de Vincent.

Rachel engage sa procédure en juillet, pendant les grandes vacances. Celle qu'elle a choisie lui permet d'espérer une décision de justice sans que le tribunal ne prévienne Viviane et Pierre. La stratégie de son avocat est pour cela de faire d'elle la seule proche légitime, en décrédibilisant les parents de Vincent et en nous excluant de toute décision à venir. Je m'incline et rédige l'attestation, tout en me distanciant de sa stratégie, que je juge contre-productive. Je peine à comprendre comment un juge, face à un texte de loi affirmant que la famille doit être informée, pourrait dire « pas ceux-là » ou « les parents ne font pas partie de la famille ».

Il n'y aura pas d'audience. Marie accompagne Rachel et nous fait ensuite un compte rendu. La magistrate reçoit le conseil de Rachel dans son bureau, en lui expliquant d'ailleurs que ce n'est pas la bonne procédure. Rachel peut, en revanche, faire une tierce opposition si elle le souhaite. Celle-ci est utilisée lorsqu'une décision de justice est rendue sans qu'un intéressé ait été prévenu qu'une procédure avait été engagée.

La décision est rendue le jour même, le 11 juillet 2013. Elle rappelle celle du 11 mai, ayant acté la reprise des traitements, et conclut : « La famille de M. Vincent Lambert ne se limitait pas à son épouse mais s'étendait à ses parents, et ce, malgré l'existence de divisions entre les membres de la famille. »

Lorsqu'une porte reste fermée, on essaie de frapper à une autre. Je tente de pousser Rachel à faire une tierce opposition au jugement enjoignant de rebrancher Vincent. C'est la seule procédure qui paraît viable, bien que celle-ci, de fait, n'exclue pas les parents mais insère Rachel dans leur procédure. Le 26 septembre, je lui envoie encore un e-mail : « Je comprends que leurs attaques te touchent, mais je pense que tu tombes dans le piège qu'ils te tendent. »

Dans le courant de ce mois de septembre 2013, Éric Kariger engage une nouvelle procédure collégiale, qu'il veut faire cette fois-ci dans les règles. Et mener à son terme. Pour cela, il convoque toute la famille : l'épouse, les parents, et les huit frères, sœurs, demi-frères et demi-sœurs de Vincent. Il propose également que je fasse partie de la collégiale, au vu de ma proximité avec Vincent. Ses précautions ne s'arrêtent pas là. Quand la loi ne lui demande de faire appel qu'à un médecin extérieur, lui en sollicitera quatre. Dont deux devront être choisis par les parents pour l'un, et par Rachel pour l'autre.

Je propose de l'aide à cette dernière sur ce point, ce qu'elle accepte. Cela me permet de mettre un pied dans le « milieu » de la fin de vie, que je ne connais pas du tout, et dont je ne sais d'ailleurs pas s'il existe. En réalité, il existe, mais ils sont très peu nombreux à en faire partie.

Je contacte d'abord l'Espace éthique de l'Assistance publique-Hôpitaux de Paris (AP-HP), présidée par Emmanuel Hirsch, pour demander qu'on me communique le nom d'un expert. J'envoie un e-mail depuis mon travail, en donnant mes coordonnées téléphoniques. Sans me rendre compte que j'ai oublié mon téléphone portable chez moi. Le soir, en rentrant du travail, je découvre seize appels en absence, et plusieurs messages sur mon répondeur. C'est la secrétaire du président, qui m'informe, de façon de plus en plus virulente, qu'il est disposé à me parler.

Nous parlons le jour suivant. Il m'informe avoir été contacté par Viviane en mai pour trouver une place où transférer Vincent. Celle-ci avait été aiguillée vers lui par une association de proches de patients en état pauci-relationnel. Emmanuel Hirsch m'affirme ainsi qu'il se tient prêt à échanger avec chacun, se présentant comme neutre, au-dessus de la mêlée. Je lui demande si, de son point de vue, il faut arrêter les traitements de Vincent – j'envisageais de lui proposer de représenter Rachel auprès du corps médical. Il ne répond pas directement. Selon lui, l'équipe a l'air de bien faire son travail, mais il doit quand même vérifier. N'ayant toujours pas eu de réponse franche de sa part, je lui demande donc directement si, à titre personnel, même si nous ne parlons pas d'euthanasie, il y est favorable. « Ce n'est pas la question, c'est plus compliqué que ça. » Une phrase que j'avais déjà entendue souvent, pour signifier ce point de vue : « Je ne suis pas d'accord, mais je ne me positionne ni pour ni contre, car se positionner, c'est déjà admettre que la question pourrait se poser. » Je constaterai ainsi que cet élément de langage vise à qualifier l'euthanasie de simpliste, quand l'arrêt des traitements incarne au contraire la complexité, le cas par cas. La distinction entre euthanasie et arrêt des traitements, pour moi, profane, ne repose alors que sur l'acte en lui-même. Pour ceux qui s'y opposent de cette façon, l'euthanasie est en fait une « culture » autorisant à donner la mort à toute personne qui en formule la demande (au mieux), sans aucune autre condition que celle-ci. Là où, pour les mêmes, l'arrêt des traitements est un acte justifié médicalement, le médecin devant veiller à ne pas, justement, pratiquer d'euthanasie (sachant que la définition de l'euthanasie varie d'un professionnel à un autre). Ainsi, pour certains médecins, la simple prise en compte des volontés d'un patient est une euthanasie.

Ressentant le positionnement d'Emmanuel Hirsch comme faussement neutre et faussement prudent, je me rapproche de Jean-Luc Romero. Il me donnera le numéro de Véronique Fournier, qu'il me conseille. Elle est médecin, présidente du Centre d'éthique clinique de l'hôpital Cochin à Paris. Elle est depuis devenue présidente du Centre national des soins palliatifs et de la fin de vie. Je la rencontre le 17 octobre. Lorsque j'arrive à Cochin, j'apprends qu'elle s'est déjà entretenue la veille avec Rachel. D'emblée, Véronique Fournier me pointe un doigt en me disant :

« Je ne veux pas de procédure !

– Dans l'absolu, moi non plus, mais il faudra bien faire avec. »

Elle m'affirme ensuite que, si ça avait été elle, malgré l'injonction du tribunal, elle n'aurait pas rebranché Vincent. Et d'ailleurs, les traitements pourraient être arrêtés sans prévenir, en fermant complètement le service. Je constate que la volonté de maintenir une toute-puissance médicale est partagée par tous les professionnels, avec un côté plus franc pour Véronique Fournier : j'imaginais mal Éric Kariger engager un bras de fer avec la justice, ce qu'il se refusera d'ailleurs à faire quand cette dernière le lui proposera. Mais traiter tout élément extérieur à la médecine, et donc au médecin, comme malvenu, permet de faire cohabiter des médecines qui n'ont rien à voir les unes avec les autres. Je reconnais aussi dans ces propos la volonté de Rachel de faire sans les parents de Vincent. L'implication du judiciaire ne permettrait pas d'aboutir à une décision sereine, selon elles. C'est une définition de la sérénité que je ne partage pas.

Le premier rendez-vous de la collégiale a lieu le 27 septembre 2013. L'ensemble des membres favorables à l'arrêt des traitements de Vincent considèrent que j'y ai ma place. Mais les parents, Anne et David s'y opposent, invoquant ma participation à une réunion publique de l'ADMD le 21 septembre – j'espérais alors mobiliser l'association pour contrebalancer la machine de guerre qui portait Pierre et Viviane, sans savoir encore que l'ADMD n'allait parler de Vincent que pour faire sa promotion. En signe d'apaisement, Éric Kariger accepte donc que je ne fasse pas partie de la collégiale, mais il me recevra seul malgré tout. Plus tard, mon grand-père m'enverra un courrier m'expliquant que je ne suis ni juriste, ni médecin, et m'interrogeant sur mon expérience de la vie réelle. Il ne s'agit pas de Vincent, ou de la famille. Il s'agit de « la vie réelle », d'une discussion théologique entre médecins et juristes sur ce que devrait être la loi. En conclusion, il comparera les médias presse, radio, TV... à la propagande de Goebbels pendant la guerre de 1939-1945.

Le second rendez-vous de la collégiale aura lieu le 16 novembre. Éric Kariger décidera ensuite de laisser passer les fêtes avant de rendre sa décision, par souci, là encore, d'apaisement. Dans le même temps, je comprends que Rachel n'optera pas pour la tierce opposition. Et qu'elle mène deux combats en parallèle : celui de Vincent, dans le respect de ce qu'il aurait voulu ; mais aussi le sien, dans le fait de pouvoir l'accompagner seule jusqu'à sa mort, contre sa première famille, et notamment sa belle-mère. Un combat de trop, qui sera soutenu par l'ADMD, et qui maintiendra selon moi là encore le blocage. Rachel m'a dit un jour qu'elle devait couper le cordon entre la mère de Vincent et ce dernier, parce que lui ne l'avait jamais fait. Viviane, de son côté, considérait que la première procédure collégiale disqualifiait Rachel, qui n'était donc plus légitime à s'en occuper.

Le 23 octobre, je prendrai la décision de faire tout ce que je peux seul, sans dépendre de quiconque. Je l'annoncerai à Rachel et aux frères et sœurs. Par la suite, je ne leur adresserai la parole que pour signer des tribunes. Je ne parlerai plus du tout à Joseph, cela se fera principalement par intermédiaires : il ne choisit pas entre ses parents et Vincent, essayant de composer, de jouer sur les deux tableaux, alors que cela est impossible. Rachel continuera de s'adresser à moi, mais de moins en moins. Elle ne le fera que pour me demander, avec les autres, de la soutenir dans telle ou telle démarche. Mis à part Joseph pendant quelques mois encore, plus personne ne parlera à ce qui était devenu le camp d'en face (parents, sœur, demi-frère) à partir de la médiatisation en mai 2013.

En décembre 2013, sentant venir la nouvelle décision d'Éric Kariger, je demande à mon avocat de faire une tierce opposition au premier jugement de Châlons du 11 mai, enjoignant la reprise des traitements de Vincent. Seul, puisque Rachel ne veut pas en faire. Je suis bien conscient que je peux facilement être perçu comme le neveu opportuniste qui s'empare d'une affaire médiatique au début de ses études de droit... Mais je suis prêt à assumer cela. Si je juge la position du CHU indéfendable, j'estime aussi que Vincent est la principale victime, et que ce n'est pas à lui de payer les errements de ses médecins, ni les opinions de ses parents. Nous perdons le procès le 20 décembre 2013.

C'était la bonne procédure, mais juridiquement, il n'y avait rien à faire, la forme ne pouvait être supplantée par le fond, c'est-à-dire la légitimité humaine, éthique et médicale de la décision de Kariger.

L'attitude du CHU était effectivement indéfendable, et la loi ne prévoyait aucun mécanisme permettant d'en protéger le patient. Au moins cette démarche eut-elle un intérêt pour moi : après l'audience, le greffier du tribunal m'a informé que ma position de neveu n'était en rien un obstacle, que donc je pouvais agir sans l'épouse ou les frères et sœurs. La décision à venir d'Éric Kariger allait donner lieu à de nouvelles procédures, mais cette fois-ci, je pourrais faire entendre ma voix.

4.

Pour écrire ce livre, j'ai tenté de reconstituer ma vie durant l'affaire. Je me rappelais ainsi avoir terminé ma mission chez le collecteur du 1 % logement en novembre 2013. À la suite de quoi, j'allais entreprendre mes études de droit. Je ne me souvenais en revanche pas de la raison pour laquelle je travaillais à l'époque. Je venais de terminer le montage d'un long-métrage (une femme ayant une relation extra-conjugale avec son voisin étudiant), et je devais payer un ingénieur du son qui pourrait faire face au travail titanesque de la post-production (nettoyage du son, agencement, bruitages, etc.), pour un budget extrêmement limité. Une fois trouvée la perle rare, après plusieurs tentatives infructueuses, nous y avons passé plus d'un an, jusqu'à fin 2014. Donc en plein cœur de l'affaire.

Des souvenirs très précis de ce passage de ma vie ne me sont revenus que récemment. Je ne les avais pas oubliés, ils étaient simplement hors du temps : je ne me rappelais pas que la finalisation de ce film avait eu lieu pendant l'affaire, tant mon état

– enthousiaste – le concernant était différent de mon état – angoissé – concernant Vincent. Dans mon esprit, il s'agit de deux moments bien distincts, comme si, en parlant de moi, j'évoquais deux personnes différentes. Le seul souvenir liant les deux, l'affaire et ce film, est le moment où je le montrai à Vincent, dans une version pas totalement terminée, en mai 2014, lors de son passage à l'hôpital de la Pitié-Salpêtrière, à Paris. Ce jour-là, je mets l'écran face à lui, et nous le regardons ensemble, en silence. Je suis assis derrière lui, de sorte que, sans m'en rendre compte, j'ai l'impression de passer un moment avec Vincent, que nous sommes liés par le visionnage de ce film. Alors que ce n'est factuellement pas le cas : il ne peut comprendre ce que je lui montre.

Par la suite, je n'ai plus eu le temps de faire du cinéma. Je n'ai réalisé qu'un court-métrage durant mes études de droit. Le reste de mon temps étant consacré à l'affaire. Et notamment à ce mélange, constamment opéré par les parents de Vincent, entre l'intime et leur vision conquérante de la religion, entre l'effacement face au divin qu'ils mettent en avant et la sur-légitimité qu'ils s'octroient de ce fait.

Lorsqu'ils étaient jeunes et qu'ils venaient à Paris, les enfants de Pierre et Viviane devaient se rendre à la messe à Saint-Nicolas-du-Chardonnet, et surtout pas dans les autres églises. C'était alors le principal lieu de culte parisien de la Fraternité Saint-Pie-X. Auparavant s'y tenaient des messes « ordinaires ».

Mais, le 27 février 1977, après donc Vatican II et l'abandon de la messe tridentine, et alors que la Fraternité avait annoncé une messe à la maison de la Mutualité, les fidèles ont été emmenés dans l'église de Saint-Nicolas-du-Chardonnet, qui se trouve juste à côté. Ils y ont, par la force, expulsé le prêtre qui y officiait, et se sont installés à sa place. Les dépendances de l'église ont ensuite été occupées par les fidèles. L'abbé desservant avait alors demandé l'expulsion des intégristes devant le juge judiciaire jusque devant la Cour de cassation, ce qui lui avait été accordé, par un arrêt du 17 octobre 1978. Mais lorsqu'il a demandé au préfet d'appliquer l'arrêt en prêtant le concours de la force publique, ce dernier a refusé au motif de risques de troubles à l'ordre public. En clair, déloger les intégristes aurait provoqué selon lui une mini-guerre civile, de sorte qu'il valait mieux les laisser sur place.

L'abbé a contesté cette décision du préfet devant le juge administratif. Jusque devant le Conseil d'État. Ce dernier a alors donné raison au préfet par un arrêt du 6 mars 1987. Depuis ce jour donc, l'église de Saint-Nicolas-du-Chardonnet continue d'être illégalement occupée par la Fraternité, et l'État laïc verse chaque année un dédommagement à l'archevêché pour s'excuser de ne pas pouvoir les déloger. La pression et l'épuisement (des voies de recours, mais pas seulement) ont ainsi conduit à une forme de renoncement. Supplanter ce qui existe en se prétendant plus légitime, c'est une des méthodes de ce milieu, employée donc également par les parents de Vincent.

Durant l'été 2013, Rachel quitte Reims. Elle a dit que c'était à cause des pressions de Pierre et Viviane, à propos desquelles je n'ai aucun doute. Eux ont affirmé qu'elle avait déposé son préavis au moment de l'arrêt des traitements de Vincent et que son déménagement était donc déjà prévu. Les parents de Vincent ont ensuite emménagé à Reims, pour prendre sa place de « protecteurs naturels », selon l'argument que leurs avocats ont mis en avant, en citant une unique jurisprudence de la Cour de cassation de 1955.

Leur petit deux-pièces était situé à quelques minutes à pied du CHU Sébastopol. Il marquait leur retour à une vie commune, finalement rythmée par leurs luttes communes. À la base de leur couple, il y a eu la lutte contre l'avortement, qui s'est terminée par l'arrêt du Conseil d'État de 1982. Même si mon grand-père ne décide pas de la date à laquelle une décision de justice est rendue, je ne peux m'empêcher de constater que cet arrêt a été rendu quatre jours avant la naissance de Joseph, le 12 janvier 1982, qui a scellé l'union entre Pierre et Viviane. Ils se sont mariés quelques mois plus tard, le 23 octobre 1982. À Rethel, Pierre avait, en plus de la maison qu'il louait pour la famille, un petit appartement plus loin pour ses gardes à l'hôpital.

Lorsque la famille est partie à Reims, il travaillait encore à Rethel, donc restait régulièrement dans ce studio. Puis lorsqu'il s'est installé à Reims, dans la grande maison qu'il avait achetée juste à côté de la gare, il avait fait aménager les combles pour que Joseph puisse avoir son indépendance, et en avait profité pour prendre son ancienne chambre, un étage plus bas, ce qui lui permettait plus d'indépendance. L'appartement de Joseph était aussi justifié par le fait qu'il avait été le seul à avoir eu le droit de quitter les pensionnats de la Fraternité, et même à aller étudier chez les jésuites (antithèse de la Fraternité). Il vivait donc constamment dans cette maison, et pas seulement les week-ends.

Lorsqu'ils ont ensuite déménagé dans la Drôme, au moment de la retraite de Pierre, la maison qu'ils ont achetée contenait deux dépendances, dont l'une a été aménagée pour Pierre. Il avait ainsi son studio, dont la porte d'entrée se trouvait littéralement à un mètre de celle de la maison principale, dans laquelle vivait Viviane.

À leur retour à Reims donc, en plein cœur de l'affaire Lambert, qui allait être le second combat de leur vie, ils ont occupé tous les deux un petit deux-pièces. Et tout en comprenant que Rachel veuille refaire sa vie, ils l'avaient fait suivre par un détective privé jusqu'en Belgique, où elle résidait à ce moment-là. Ils étaient donc dans les faits plus légitimes qu'elle, argument qu'ils allaient faire valoir, sous couvert de soulager Rachel, qui restait selon eux par principe « la plus légitime » (mais pas dans les faits).

Le 11 janvier 2014, Éric Kariger rend sa décision d'arrêt des traitements. Il laisse aux opposants jusqu'au lundi suivant pour la contester, soit le 13 janvier. Ce que nous attendons depuis des mois, le marathon judiciaire inévitable, va commencer. Par la voie du référé liberté, comme en mai 2013, pour contester la nouvelle décision. Sur le fond cette fois-ci, et non sur la forme. Je sais que je vais pouvoir participer, mais qu'il va aussi falloir faire front, et être le plus nombreux possible, à défaut d'être unis. Médiatiquement, cela reposera sur moi. Il n'est pas possible de laisser les parents seuls.

Le 13 au matin, nous recevons la requête de cinquante-trois pages des parents de Vincent. La décision de Kariger y est uniquement qualifiée de « décision de mort ». « Ce qu'on dit en étant bien portant [concernant sa vie dans un état comme celui de Vincent], il faut le faire valider et confirmer une fois dans la situation de handicap ou de diminution. » Car, en étant bien portant, on ne devrait pas juger les personnes dans cet état – un argument que retiendra le tribunal, nonobstant le fait qu'on ne peut pas communiquer avec Vincent. « Depuis cinq ans, il est uniquement alimenté et hydraté par sonde pour éviter les fausses routes. » Les parents demandent également la reprise de la kinésithérapie, malgré les souffrances que cela pouvait probablement générer, et la mise au fauteuil de Vincent, qui aurait nécessité une opération de la hanche. Ils demandent son transfert dans une clinique tenue par un médecin qui partage leurs opinions.

Enfin, le tout est accompagné de deux cent trente-huit pages de pièces. Un dossier imposant, contenant de nombreuses pièces, dont certaines ne sont là que pour ajouter des données qui ne concernent pas nécessairement Vincent. Alors que seulement deux jours séparent l'envoi de ces pièces de l'audience, prévue pour le 15 janvier. En plénière – soit devant une dizaine de juges, du fait de l'enjeu et des questions posées.

Je lis le mémoire des parents, celui de mon avocat, celui du CHU et celui de Rachel. Je prends mes marques. J'essaie d'y saisir la logique de chacun, celle de la loi, les incohérences qu'elles comportent... et, connaissant les opinions de tous, je tente de comprendre derrière quels arguments celles-ci se cachent. Je fais aussi cela pour pouvoir adopter une place, médiatiquement. Je vais être seul, sans savoir si j'aurai les épaules pour ce rôle.

À notre arrivée au tribunal, beaucoup de journalistes sont présents. Je m'exprime sans difficultés, et j'en suis le premier surpris, étant plutôt d'un naturel timide. Je ferai même des duplex, en oubliant à chaque fois cette épée de Damoclès au-dessus de ma tête. Pierre et Viviane arrivent au tribunal accompagnés de Jérôme Triomphe. Marie est également présente. Bientôt, la salle est pleine, là où, un mois plus tôt, lors de ma procédure en tierce opposition, elle était déserte. Toutes les parties sont représentées.

Nous nous asseyons côte à côte, Marie et moi, juste derrière mon conseil, à la droite de l'avocate du CHU, elle-même à la droite de l'avocat de Rachel. Malgré ma volonté de prendre mes marques et la nécessité de répondre médiatiquement aux parents, je me sens d'une certaine façon encore spectateur.

Nous entendons en premier lieu les conclusions du rapporteur public, magistrat indépendant qui propose une solution aux magistrats chargés de statuer. Il évoque l'affaire, son historique, puis reprend tous les arguments des parents de Vincent. Qu'il rejette les uns après les autres. Sauf le dernier. Il propose en conséquence de suspendre la décision d'Éric Kariger du 11 janvier 2014.

Vient ensuite le tour de Jérôme Triomphe. Il plaide à sa façon : « Kariger, en prenant cette décision, et ça me désole de le dire, ne soigne pas Vincent, il soigne Rachel. » Jean Paillot, le suivant, sera beaucoup plus calme, et moins conquérant que la Fraternité. Il parle doucement, nous explique que notre boussole a perdu le nord. Quand il dit « nous », il s'inclut, nous prend par la main pour que nous fassions avec lui ce cheminement intellectuel, qu'il a de son point de vue déjà fait, à l'inverse de nous. Au bout d'une demi-heure de plaidoirie, et toujours sur ce ton propice à faire baisser la garde : « Je viens moi-même d'Alsace, et là-bas, nous avons gardé un vif souvenir de ce moment de l'histoire où l'on sélectionnait les gens en fonction de ceux qui avaient le droit de vivre, et ceux qui n'avaient pas le droit de vivre. »

L'ambiance est lourde. Le débat est posé dans les termes des parents. Certains n'arriveront pas à s'en détacher et seront écrasés par ceux-ci. Lorsque l'avocate du CHU plaide, juste après, elle tremble, ne parvient pas à finir ses phrases... elle dira, à bout de forces, qu'il faut que le tribunal s'en rapporte à ses écritures. Quant à l'avocat de Rachel, il n'axera sa plaidoirie que sur les parents de Vincent, son père qui ne l'avait pas reconnu, ses années en pension... L'ambiance est électrique, sa plaidoirie est mal perçue, y compris par des proches de Vincent soutenant la décision. Au moment d'évoquer la pédophilie, il reculera. Ce fait sera malgré tout relayé dans la presse le lendemain.

Mon avocat, puisque c'est notre ligne de défense, sera le seul à n'évoquer que le droit, s'éloignant de la bataille de légitimité : « Le doute qui doit profiter à la vie, c'est un principe juridique que je ne connaissais pas. »

Le lendemain, je suis sur le parking de la maison des familles de l'hôpital. Incapable de tenir en place, j'attends l'ordonnance du tribunal. Mon avocat me téléphone enfin : suspension de la décision d'Éric Kariger. Et refus de transférer Vincent. La carapace se fend d'un coup. Je me mets à pleurer, les méthodes brutales des parents et leur croisade idéologique m'écœurent, et surtout, cette façon d'utiliser Vincent pour défendre une cause qui n'est pas la sienne. Je ne vois aucune rationalité dans cette décision.

Cet échec, paradoxalement, me désinhibe. Je me rabats sur les médias, qui relaient abondamment le fait divers Vincent Lambert, au cœur aussi de débats politiques. L'affaire vient au moment où le président François Hollande annonce le vote prochain d'une nouvelle loi sur la fin de vie. Mon téléphone sonne toute la journée, j'essaie de répondre à tout le monde, autant qu'il est humainement possible de le faire. Je ne mange pas entre 8 heures et 22 heures, l'obsession à agir ne me faisant ressentir ni la faim ni la fatigue. Je fonctionne au radar.

En milieu de journée, juste après qu'Éric Kariger a tenu une conférence de presse, je rends visite à Vincent. Il y a beaucoup d'agitation au CHU, qui est encerclé de vans de télé, de journalistes... Je monte dans le service, m'attendant à trouver un peu de calme malgré tout. En espérant surtout que Vincent soit protégé de cette hystérie. Mais lorsque j'arrive devant sa porte, on est en train d'y installer une serrure électronique pour enregistrer les allées et venues, ouvertures et fermetures, la norme étant désormais la fermeture et la limitation du nombre de visiteurs, qui doivent en outre donner leur carte d'identité à l'entrée. Dans le couloir, on est également en train d'installer une caméra pointée sur l'entrée. Le personnel fait beaucoup de bruit, notamment avec le marteau sur le métal de la serrure. Vincent est manifestement inconfortable. Et il n'est pas réellement protégé par ces mesures, pour nécessaires qu'elles soient, qui montrent au contraire qu'il n'est plus un patient comme un autre.

Nous avons quinze jours pour contester la décision du tribunal, une fois la notification faite. Dans cette procédure particulière qu'est le référé liberté, l'appel se fait devant le Conseil d'État. Je n'ai déjà plus d'argent, après deux procédures. Mais j'ai pris la décision de contester l'ordonnance dès qu'elle a été rendue. J'ai hésité à solliciter l'ADMD, mais j'ai renoncé finalement ; je n'aurais plus rien maîtrisé ensuite, d'autant que l'ADMD actuelle a déconnecté le débat sur la fin de vie de ses enjeux médicaux, et s'est elle-même coupée des professionnels de santé. Elle axe tout sur l'autodétermination des personnes qui ne seraient donc plus des patients. Si ses adhérents craignent parfois d'être accusés de récupération, ce n'est pas totalement infondé : la loi actuelle ne leur convient pas, et ils ont tendance à alimenter un certain désespoir des proches pour en faire des militants, sans nécessairement lutter pour que la loi soit appliquée. C'est du moins ce que je ressentais à l'époque, soutenant Éric Kariger et sa décision médicale, et ce sentiment ne me quitterait pas. Finalement, ma mère s'est jointe à moi, en faisant jouer sa protection juridique. Par la suite, mes avocats ont été rémunérés grâce à l'aide juridictionnelle, une aide de l'État en faveur des personnes qui ne peuvent se payer un avocat.

Éric Kariger, auteur de la décision litigieuse, ne peut faire appel du jugement du tribunal. Seule son administration le peut. C'était d'ailleurs l'objet de son point presse : la pousser à le faire. Il dirait plus tard qu'il n'était absolument pas soutenu par son administration. Par ailleurs, nombre de médecins lui reprochaient son entêtement, qui favorisait d'une part la médiatisation, selon eux à la fois simpliste et critique d'une loi qu'ils considéraient comme étant « d'équilibre », et d'autre part la judiciarisation, qui ne devait pas avoir sa place dans cette situation. Ma mère a eu l'idée de rédiger une tribune pour pousser le CHU à faire appel. *Le Monde* l'a publiée sur son site, elle était cosignée par cinq frères et sœurs de Vincent en faveur de l'arrêt des traitements, et par moi. Rachel, qui ne l'avait pas visée et que nous tenions au courant de nos initiatives, nous avait demandé de ne pas la sortir.

La tribune a été abondamment relayée. Face à la pression médiatique, la ministre de la Santé, Marisol Touraine, partisane de la légitimité exclusive de l'épouse, a finalement enjoint au directeur général du CHU de faire appel. Mais il ne devait le faire que pour suivre Rachel, pas de sa propre initiative. Quelques jours plus tard, j'ai appris par les médias que cette dernière contestait le jugement du tribunal devant le Conseil d'État. Le lendemain, les frères et sœurs de Vincent et moi-même recevions un e-mail dans lequel elle nous informait qu'elle irait seule devant le Conseil d'État. Après l'annonce de Rachel, le CHU et moi avons fait appel à notre tour, le CHU précisant bien que c'était sur ordre de sa ministre de tutelle, comme pour marquer sa désapprobation.

Je ne le savais pas encore, mais cet épisode allait laisser des traces, tandis que l'affaire continuait de prendre de l'ampleur.

5.

En février 2014, je suis dans la chambre de Vincent lorsque débarque Viviane. Il est aux alentours de midi. Elle sait nécessairement que je m'y trouve, puisqu'elle ne peut entrer qu'en donnant sa carte d'identité aux infirmiers, qui indiquent à chaque visiteur si quelqu'un est déjà ou non au chevet de Vincent. Nous faisons en général l'effort de ne pas nous croiser.

Viviane entre, se dirige immédiatement vers le lit, me salue à peine, puis se met à parler très fort à Vincent, de façon fébrile, répétant à trois reprises : « Cligne des yeux Vincent, si ça va ! » À la troisième demande, Vincent cligne effectivement des yeux, faisant cesser les injonctions de Viviane. Elle me demande ensuite, visiblement très nerveuse, de m'éloigner avec elle pour échanger. Elle me parle de l'affaire, s'emportant régulièrement, me demandant de me mettre en retrait. Viviane me dit également que les médecins n'y connaissent rien, et qu'une mère peut communiquer avec son enfant, comme elle vient selon elle de le prouver.

Je ne doute pas de sa bonne foi : il est possible qu'elle le croie, même si c'est scientifiquement impossible. Elle nous a habitués depuis toujours à des affirmations de cet ordre. Des vérités teintées de croyances et de fictions qui ont forgé, pour Vincent comme pour moi, une recherche constante de rationalité, et de désacralisation. L'affaire, au fond, ne racontait que cela. Motif pour lequel la raison ne pourrait y reprendre le dessus qu'en opposition aux parents de Vincent, qui ne l'accepteraient jamais plus une fois la machine lancée. Cela était intégré par tous les membres de la famille soutenant le médecin en charge. Et cela deviendrait bientôt l'enjeu devant le Conseil d'État : rester pragmatique, et ne pas juger sous le coup de l'émotion en se laissant intimider par les conséquences d'une telle décision, alors même que la procédure choisie par les parents n'était pas propice à cela. Qui favorisait l'irrationnel.

Le référé liberté est une procédure d'extrême urgence, créée par la loi du 30 juin 2000, qui n'existe que devant le juge administratif. Elle est justifiée par ce qu'on appelle le « dualisme juridictionnel », l'un judiciaire (tribunaux d'instance et de grande instance, ou tribunaux judiciaires, cours d'appel, Cour de cassation au sommet) et l'autre administratif (tribunaux administratifs, cours administratives d'appel, Conseil d'État au sommet). Ce besoin de deux ordres de juridiction a pour origine la Révolution française, et la volonté de séparation des pouvoirs qui l'a accompagnée : législatif (le

Parlement), exécutif (président et gouvernement) et judiciaire (les juges). Pour éviter le gouvernement des juges, il leur a été interdit de se prononcer sur des affaires concernant l'administration (au sens large, et incluant l'exécutif). Mais pour pallier l'impression que cette dernière était au-dessus des lois, ont été créés en 1799 et 1800 des conseils de préfecture. Le préfet y jugeait l'administration, dans des litiges limitativement énumérés, liste fixée par... l'administration. Au moment de la création du Conseil d'État, placé sous la tutelle de son créateur Napoléon Bonaparte, il existait les ministres juges. Qui donc statuaient sur la légalité des décisions de l'administration, et notamment des leurs.

Le Conseil d'État est devenu indépendant par une loi du 24 mai 1872 : il pouvait s'affranchir de l'avis des ministres. Il ne le fera qu'en 1889, par une décision Cadot, restée célèbre. Soit quatre-vingt-dix ans après sa création. Mais pendant des années encore, les annulations du juge administratif, quand elles avaient lieu, et alors qu'il n'avait pas de pouvoir de coercition, étaient souvent sans conséquence. Ainsi, de nombreuses décisions de justice sont reprises dans le *Gaja*, alors qu'elles n'ont eu aucun effet concret. Ce sont des annulations dites « platoniques ».

En outre, les délais avant que le juge administratif ne se prononce étaient excessivement longs. Mon grand-père, dans sa croisade anti-IVG, avait ainsi saisi le tribunal administratif d'Orléans en 1975, pour une décision rendue en 1979, avant de contester cette décision devant le Conseil d'État jusqu'en 1982. Donc sept ans, sans passer par une des cours administratives d'appel, qui n'existaient pas encore à l'époque (elles furent créées en 1987).

Le but du juge administratif est en règle général de faire de la pédagogie. Il énonce ainsi à l'administration, dont il est fondamentalement proche (les conseillers d'État sont pour la plupart des énarques encouragés à avoir des expériences dans l'administration), le comportement qu'il aimerait qu'elle adopte. Il adapte ensuite les lois aux prérogatives de l'administration, pour permettre à celle-ci de défendre l'intérêt général, qu'elle représente. Depuis 1995, le juge administratif peut prononcer des injonctions. Il ne s'en est servi dans un premier temps qu'avec parcimonie.

C'est à cette époque qu'intervient l'affaire des passagers clandestins du cargo *Felix*. L'administration, qui avait consigné les clandestins à bord, refusait de les conduire dans la zone d'attente légalement prévue à cet effet. Elle organisait même des rondes pour les empêcher de débarquer, en attendant que le navire ne reparte avec « ses » clandestins. Ils étaient donc détenus hors cadre légal, alors que la liberté d'aller et venir est tout à la fois fondamentale et extrêmement révélatrice de démocratie ou d'absence de démocratie. Raison pour laquelle elle est toujours défendue avec une particulière célérité par le juge judiciaire.

Les clandestins, mais aussi l'armateur du cargo, ont donc saisi le juge judiciaire d'une procédure en voie de fait, contre le ministre de l'Intérieur. Procédure spéciale créée de toutes pièces par le juge judiciaire, elle remédie justement à cet excès de pédagogie. Elle est justifiée par une action de l'administration qui est tellement grave qu'elle lui fait perdre son « privilège de juridiction », ce qui rend le juge judiciaire compétent en la matière.

Le tribunal des conflits a été créé pour éviter que chaque ordre de juridiction ne se déclare compétent à la place de l'autre. Il encourage le dialogue entre les deux ordres. Raison pour laquelle il est composé d'autant de magistrats judiciaires que de magistrats administratifs. Ce qui peut donner lieu à des blocages, puisque, à l'inverse des formations de jugement, dans lesquelles une décision est rendue à la majorité simple, quel que soit l'enjeu, le tribunal des conflits est composé d'un nombre pair de magistrats, officiellement pour ne favoriser personne. Le mécanisme prévu pour départager les magistrats en cas de blocage a changé en 2015. Mais à cette époque, celui qui tranchait le conflit avec voix prépondérante, était le ministre de la Justice. Donc l'administration.

C'est ce qui s'est passé pour les clandestins en zone de transit : les magistrats judiciaires évoquaient la détention arbitraire, monopole du juge judiciaire, appuyé notamment par la procédure en voie de fait. Les magistrats administratifs, eux, affirmaient que l'autre ordre n'avait pas à se mêler d'un tel litige, qui concernait l'administration. Donc le ministre de la Justice d'alors, Jacques Toubon, a tranché : il a choisi « son » juge. Donc le juge administratif. Et a accessoirement donné raison à son collègue ministre de l'Intérieur, le mis en cause, qui demandait la même solution au problème de compétence. L'ordre administratif, dans ce schéma, ne s'est prononcé que des années après, donc après que les clandestins sont partis.

Cette décision provoqua la démission du tribunal des conflits d'un conseiller de la Cour de cassation, qui parla de ministre juge, et donc de justice d'un autre temps. De fait, l'administration s'était donné raison à elle-même en privilégiant une procédure et un juge qui lui étaient favorables, ce qui lui permettait d'imposer son comportement, quand bien même ce dernier eût été illégal.

Quelques années plus tard, pour éviter que cela ne se reproduise, le référé liberté notamment était créé : procédure permettant au juge administratif de donner des injonctions à l'administration en quarante-huit heures. Dans le cas des clandestins, le juge se serait ainsi prononcé avant leur départ. Pour autant, il s'agit bien d'un délai inadapté en matière de fin de vie, autant que la procédure dans son intégralité.

Trois conditions doivent être réunies pour qu'une requête en référé liberté puisse aboutir. En premier lieu, il faut une urgence : dans le cas d'une décision d'arrêt de traitements, c'est la mort imminente d'un être humain ; une liberté fondamentale : le droit à la vie en est une ; une atteinte grave et manifestement illégale à cette liberté fondamentale. C'est ce dernier point qui pose problème dans le cas de Vincent. En mai 2013, lorsque le tribunal a ordonné la reprise des traitements, ses parents faisaient de toute évidence partie de la famille du patient. C'est une décision lourde de conséquences. Mais, dans ce cas, la procédure du référé liberté est adaptée. En 2014, le tribunal était en revanche saisi du fond. Il avait quarante-huit heures (il a pris quatre jours) pour se prononcer sur un enjeu lourd et complexe, en se basant sur un dossier important, sans finalement rien connaître de la problématique. Il a voulu se prononcer, car il était à peu près impensable qu'il refuse de le faire. Mais il a suspendu la décision sans se donner les moyens d'argumenter les raisons en faveur de cette suspension. Le Conseil d'État a donc fait face à deux problèmes lorsque nous l'avons saisi : il devait à la fois asseoir sa légitimité face à un nombre important de médecins qui n'ont pas pour habitude de rendre des comptes et prétendent donc que le juge n'a pas à se prononcer, et neutraliser la stratégie des parents.

Quelques jours après notre appel, suivant une première audience à juge unique, comme il est de tradition en matière de référé, l'Assemblée du contentieux (la plus large formation du Conseil d'État, dix-sept juges) est convoquée. Le rapporteur public y évoque la légitimité du juge pour se prononcer, la loi, l'état de Vincent, et les questions éthiques posées par l'affaire. Puis il constate que la dernière expertise date de juillet 2011, à Liège, et qu'il faut donc l'actualiser. Soit ordonner une nouvelle expertise. Il propose enfin de demander des avis, notamment au Conseil national de l'ordre des Médecins (CNOM), ainsi qu'à Jean Leonetti sur la notion d'« obstination déraisonnable ».

Ses préconisations ont été suivies par la formation de jugement. Les experts devaient alors se prononcer sur l'état de Vincent, sur le caractère irréversible ou non de ses lésions cérébrales, sur la possibilité d'établir un code de communication avec lui, et sur l'existence et le caractère éventuellement conscient ou non de ses manifestations de souffrance (refus de soins). Nous sommes en 2014, Vincent a eu son accident en 2008, et la consolidation intervient entre douze et dix-huit mois après l'accident. Pendant toute la durée de l'affaire, j'ai eu deux craintes : l'enlisement et, pas très loin, le « doute doit profiter à la vie ». Avec cette expertise, nous étions potentiellement dans les deux cas de figure, même si je comprenais la logique qui avait conduit à l'ordonner. Du moins, je croyais la comprendre : selon moi, il s'agissait d'objectiver les choses pour que la décision du docteur Kariger devienne en réalité celle de Vincent. L'avenir allait me donner tort.

Cette procédure devenait, par la décision du Conseil d'État, le « référé Lambert ». Elle donnait lieu à une procédure de trois ou quatre mois, ce qui est extrêmement rapide en cas d'expertise médicale. Mais elle sortait du cadre original du référé liberté de quarante-huit heures. Pour mener à bien cette expertise, on a transféré Vincent à l'hôpital de la Pitié-Salpêtrière à Paris. Il y a notamment subi une IRM cérébrale, ce dont il n'avait pu bénéficier à Liège en 2011, en raison de la présence d'un bout de métal dans le cerveau, qui a été retiré en 2012. Un prérapport est ensuite tombé le 5 mai 2014. Journée éprouvante, encore. Je tremblais à l'idée d'ouvrir le fichier électronique envoyé par mon avocate. Je me trouvais en effet mis dans une situation ambiguë : j'avais objectivement intérêt à ce que Vincent n'aille pas mieux, puisque j'avais critiqué la décision d'ordonner une expertise. C'était la première fois, dans cette affaire, que j'étais confronté à des sentiments contradictoires de façon aussi nette.

En ouvrant le prérapport, je constate assez rapidement que l'état de Vincent s'est en fait dégradé : on ne lui trouve plus aucune conscience. Cela crée un vide en moi : il aura sombré sans savoir qu'on allait peut-être réussir à imposer ce qu'il aurait voulu. Idée présente en arrière-fond sans aucune réalité scientifique. Elle est malgré tout un moteur, car, dans le fond, on se bat plus pour un souvenir que pour une personne consciente, dans ces cas-là. La conscience n'est pas un critère de la dignité.

Je lis l'intégralité du prérapport. Puisqu'on ne détecte plus de conscience, les oppositions aux soins ne peuvent être interprétées comme un vécu conscient de souffrance. Autrement dit : le corps de Vincent n'est que réflexe. Un « légume » donc, au sens où lui-même l'entendait.

Le rapport final contient les observations des parties, et donc celles des parents. Ils y évoquent notamment une vidéo dans laquelle on verrait Vincent déglutir sans difficulté, ce qui selon eux devrait lui permettre d'être nourri oralement, là où les experts ont évoqué une déglutition réflexe et des risques de fausse route. En conclusion, les experts affirment que l'état de Vincent ne justifie pas à lui seul l'arrêt des traitements.

En parallèle de ce rapport, et notamment de cette précision des experts, les avis demandés nous parviennent. Le Conseil de l'ordre fait totalement l'impasse sur les volontés du patient. Le maintien artificiel de la vie y est défini de façon objective : il s'agit du « recours à des moyens et techniques de substitution de fonctions vitales essentielles, mais aussi et surtout chez lesquelles on constate une altération profonde et irréversible des fonctions cognitives et relationnelles ». Autrement dit : une absence de conscience et une dépendance à la technique médicale justifient un arrêt des traitements. Il s'agit d'une vision objective de l'acharnement thérapeutique en général (sachant que ce qui relève de l'objectivité est propre à chaque médecin).

Jean Leonetti fait quant à lui un parallèle avec les dons d'organes : celui qui ne veut pas les donner doit l'écrire, sinon on juge qu'il est d'accord. Il suggère de faire la même chose pour les états pauci-relationnel/végétatif chronique (EPR/EVC) : si le patient n'a rien précisé avant, le médecin peut partir du principe qu'il n'aurait pas voulu vivre de cette façon. Mais il peut aussi partir du principe que ce n'est pas le cas.

Entre le rapport et les avis, je comprends les rapports de force : les experts sont en désaccord avec le CNOM, et Jean Leonetti joue le conciliateur – les volontés du patient doivent être prises en compte, mais elles peuvent aussi être « inventées » par le médecin. À partir de là, il n'y a pas vraiment d'autorité pour le juge en la matière.

Une nouvelle audience devant le Conseil d'État a lieu le 21 juin 2014. Le rapporteur public évoque l'état de Vincent, insiste sur les volontés qu'il a précédemment exprimées auprès de son épouse et de son frère Joseph, que nous corroborons tous. Il conclut en affirmant que les opinions des parents, aussi respectables soient-elles, ne peuvent leur conférer un droit de veto que le législateur n'a pas entendu leur donner.

Mais les parents montrent déjà qu'ils ne se soucient guère de l'avis des experts et de ce que pourra conclure le Conseil d'État. Ils ont choisi une procédure rapide permettant d'imposer un débat sur la vie contre la mort. Si on l'adapte à l'enjeu pour leur imposer du rationnel, ils n'en veulent pas non plus. L'avocate des parents plaide ainsi que Viviane donne à manger à Vincent et qu'il déglutit très bien. Prétendant que le CHU l'aurait volontairement alimenté par sonde pour pouvoir arrêter ses traitements, en l'absence de légalisation de l'euthanasie. À la sortie de l'audience, et s'appuyant sur cette prétendue capacité de déglutition nouvellement retrouvée, les conseils des parents de Vincent annoncent leur intention de saisir la Cour européenne des droits de l'homme (CEDH) si jamais les conclusions du rapporteur public sont suivies. Ce qu'ils feront donc.

Le Conseil d'État rend sa décision le 24 juin 2014. Elle sera reprise au *Gaja*, dans son édition de 2015 (s'ajoutant à d'autres belles décisions restées sans aucun effet). Les volontés du patient ne peuvent être présumées, et celles de Vincent sont claires.

À ce stade de l'affaire, je ne connais la CEDH que de nom. Je sais qu'elle fait partie du Conseil de l'Europe, créé au lendemain de la Seconde Guerre mondiale pour protéger les droits fondamentaux des particuliers. Elle met souvent des années à rendre des décisions, qui peuvent ensuite faire l'objet d'un recours devant la Grande Chambre. Il y a là un nouveau piège : après les procédures trop rapides, qui se transforment en procédures de plusieurs mois, il y a celles qui sont inadaptées dans l'autre sens, c'est-à-dire trop lentes. Pour moi, l'urgence ne se trouve pas seulement dans le maintien en vie, mais également dans l'arrêt des traitements, dans cette zone où le temps reste suspendu, et en devient coupable. Le maintien en vie se teinte alors progressivement de neutralité : Vincent n'est pas en fin de vie, il n'y a pas d'urgence, donc pas de nécessité d'arrêter les traitements. C'est un cercle vicieux qui s'installe, et qui, dans les faits, sert ceux qui défendent la vie à tout prix.

Malgré l'espoir que j'avais, la CEDH demande à la France de ne pas appliquer la décision, le temps qu'elle statue, vers 23 heures ce 24 juin. Éric Kariger se conformera à cette demande. Le rationnel que nous avons tenté d'imposer commence à s'étioler. Ce qui, chez nombre de médecins, démontrait que la justice n'avait pas sa place en matière de fin de vie : elle se transforme en « usine à gaz » polémique, favorise l'irrationnel et les dissensus, et les empêche de travailler.

Je décide alors de rédiger une tribune. J'y passe mon été, lisant des dizaines de décisions de la CEDH. Sur la fin de vie, il n'y a pas vraiment de doute : elle validera la décision d'arrêt des traitements, et appliquera la loi. Elle est en la matière beaucoup plus libérale que la France, et se sert juste de Vincent pour pousser les États signataires les plus rétifs à légiférer sur ce sujet. C'est la première fois que je me saisis juridiquement de l'affaire. Je ne me contente pas de lire passivement les mémoires de mes avocats (en faisant éventuellement quelques suggestions) et ceux des autres parties. Je demande à la CEDH de se dépêcher, en usant d'un argument juridique : de fait, c'est la première fois que la Cour exige une mesure provisoire qui, en elle-même, risque de constituer une violation de la Convention européenne des droits de l'homme (au sens même de sa jurisprudence), en maintenant en vie un patient sur lequel on s'acharne.

Une fois la tribune rédigée, j'envoie un e-mail à tous les parlementaires de France. Une cinquantaine d'entre eux la signent, principalement des « droits-de-l'hommistes », d'autant plus légitimes à s'adresser fermement à la Cour. Elle paraît le 5 septembre sur le site du *Monde*. La Cour refuse de commenter, mais peu de temps après, elle annonce que le dossier est directement transmis à la Grande Chambre. Elle mettra moins d'un an à se prononcer.

L'arrêt de la CEDH est rendu le 5 juin 2015 : sans surprise, elle annonce qu'il n'y aurait pas violation de l'article 2 de la Convention (droit à la vie) en cas d'application de la décision du Conseil d'État du 24 juin 2014. Cela émeut les juristes, car elle ne pouvait qu'être saisie de la décision du docteur Kariger (dont on verra qu'elle lui est propre), et non de celle du Conseil d'État (qui aurait donc donné selon elle des droits au patient). Rétrospectivement, je me dis qu'elle avait mis le doigt sur quelque chose que je n'avais pas encore vu, au moment où elle a décidé d'écrire cela. Il faut je pense garder cette rédaction à l'esprit si aucune loi digne de ce nom n'est votée à la suite de l'affaire Vincent Lambert.

Les parents de Vincent déposent un recours en révision le 24 juin 2015 (date anniversaire de la décision du Conseil d'État), procédure devant la CEDH permettant d'obtenir une nouvelle décision au vu d'éléments nouveaux. Un recours qu'ils médiatiseront largement, confirmant que le rationnel ne les concerne pas. Lors de l'audience du

7 janvier 2015, Jean Paillot développera ainsi un argument devenu habituel dans leur stratégie de défense : « Il y a deux jours, sa mère lui a fait goûter un peu de yaourt. » Six mois plus tard, dans leur recours en révision, il écrira néanmoins : « Pour tenter de sauver la vie de leur fils, les parents de Vincent Lambert ont décidé, après [*souligné par lui*] la décision de la Grande Chambre du 5 juin 2015, d'essayer de nourrir Vincent par la bouche. » Ses parents se seraient alors aperçus qu'il venait tout juste de retrouver un réflexe de déglutition perdu.

Second temps du recours en révision : dans leur requête originelle déposée en juin 2014 devant la CEDH, les parents se rapportaient à l'arrêt « Glass c. Royaume-Uni », par deux fois. J'en résume les faits : un enfant est hospitalisé, les médecins refusent de le ranimer, sa mère s'en charge pendant que les autres membres de la famille en viennent aux mains avec les médecins. Son état ensuite s'améliore. La Cour avait condamné l'Angleterre : les médecins auraient dû demander l'autorisation d'un tribunal en cas de désaccord des parents. L'arrêt Glass a été mentionné par les parents, et la Cour y a répondu dans son arrêt du 5 juin. Dans leurs recours en révision du 24 juin, Pierre et Viviane ont prétendu que la Cour l'avait cité d'elle-même, après avoir fait spontanément le parallèle entre les deux affaires, mais sans statuer comme il fallait. Par la médiatisation de ce recours en révision, l'arrêt Glass pouvait ainsi servir de façon tout à fait légale à légitimer la violence contre une équipe médicale, au cas où les tribunaux feraient défaut. Et ici, le défaut n'est évidemment pas l'absence de saisine d'un tribunal, mais l'absence de « bonne » décision, c'est-à-dire qui interdit l'arrêt des traitements.

La Cour n'a cette fois-ci pas été dupe de la manœuvre, et s'est, elle aussi, adaptée. Là où elle peut mettre encore des années à se prononcer, elle a rejeté ce recours en révision le 6 juillet, laissant apparaître la radicalisation des parents de Vincent de plus en plus clairement. Une radicalisation accompagnée par la nécessité, exigée par certains, de trouver un « apaisement » de la situation. Un apaisement qui n'aurait été atteint qu'en laissant la voix de Pierre et Viviane prendre le dessus, justement pour les calmer.

La Cour l'avait bien compris et n'avait pas suivi. Mais elle était totalement à contre-courant de ce qui se passait en France. Les procédures CEDH intervenaient en effet tandis qu'une nouvelle loi Leonetti, qui devait être la continuité de la précédente, légèrement améliorée, était en discussion au Parlement, à la suite d'une proposition enregistrée à la présidence de l'Assemblée nationale le 21 janvier 2015 (donc deux semaines après l'audience devant la CEDH).

J'allais ainsi découvrir que c'était la loi elle-même, et ses fondamentaux, qui devaient permettre aux parents de faire prospérer leur stratégie et de mépriser le rationnel et tous les acquis qu'il avait générés. Alors que je pensais que nous nous dirigions vers la fin de l'affaire, je découvrais entre les 1er et 5 juin 2015 qu'elle n'en était en fait qu'à ses débuts.

6.

À l'origine de la loi Leonetti du 22 avril 2005, il y a l'affaire Vincent Humbert, intervenue en 2003. Victime d'un accident de la route, ce dernier se retrouve tétraplégique. Des personnes affirment alors avoir établi avec lui un code de communication, en lui récitant l'alphabet jusqu'à ce qu'il bouge un pouce, choisissant ainsi une lettre. Plusieurs lettres de l'alphabet forment un mot, puis des phrases...

Un jour, Vincent Humbert aurait épelé son désir de ne plus vivre. Le chef du service dans lequel il est hospitalisé ne veut cependant rien entendre. Sa mère tente de l'empoisonner, sans y parvenir. En conséquence, Vincent H. est transféré dans le service de réanimation du docteur Chaussoy. Qui entreprendra de l'euthanasier avec l'accord de sa famille. Le médecin et la mère du patient seront acquittés au pénal.

À cette époque, l'ADMD est à la manœuvre médiatiquement. Elle rebondit sur l'affaire Vincent

Humbert pour demander le vote d'une loi légalisant l'euthanasie (acte pratiqué par le médecin), du suicide assisté (acte pratiqué par le patient lui-même), une clause de conscience pour permettre de rechercher le médecin qui sera d'accord pour pratiquer l'acte ou préparer le suicide, un contrôle *a posteriori* par une commission spéciale (donc pas de contrôle *a priori*), et pour les patients hors d'état d'exprimer leurs volontés, une hiérarchie au sein de la famille, afin de déterminer qui décide. Dans le cas de Vincent H., selon cette hiérarchie, c'était à sa mère de trancher. Pour Vincent L., cela aurait été à son épouse (avant son mariage, un an avant son accident, la charge serait revenue à ses parents).

Si, en théorie, il est possible de communiquer par le corps – on pense au clignement des yeux dans le film *Le Scaphandre et le Papillon*[1] –, selon certains spécialistes, pas nécessairement opposés à l'euthanasie, le cerveau de Vincent H. était dans un état tel qu'il lui était scientifiquement impossible de le faire. Les personnes l'affirmant étaient selon les mêmes spécialistes militantes de l'ADMD. Qui aurait donc soutenu la mère du patient dans sa tentative d'empoisonnement. J'étais en Angleterre à cette époque. Il m'est donc impossible de me prononcer. Mais ces données illustrent bien les tensions qu'il peut y avoir entre la médecine et l'association.

1. Film de Julian Schnabel (2007), d'après l'ouvrage autobiographique de Jean-Dominique Bauby paru en 1997 chez Robert Laffont.

L'affaire Vincent H. a rendu nécessaire le vote d'une loi pour encadrer la fin de vie – sujet tabou, aucunement réglementé alors. Ce fut celle de Jean Leonetti. Les rédacteurs (dont fait partie Jean Leonetti, et dont beaucoup s'affichent en tant que « pro-vie » ou anti-euthanasie), notamment des autorités religieuses, étaient unanimes quant au fait que Vincent H. ne pouvait communiquer, et que le docteur Chaussoy s'était fait influencer par les proches du patient, et notamment par sa mère (elle-même influencée par l'ADMD). Ils ont ainsi opportunément fait de l'affaire Vincent H. un symbole de ce qu'est, pour eux, l'euthanasie : une demande de proches auprès d'un médecin qui ne connaît pas le patient, de l'émotion dépourvue de toute raison, une tentative d'assassinat de la part d'un parent... Les fondements de la loi sont là : le médecin et la vie doivent primer contre une « volonté de mort » que serait l'euthanasie.

Selon le législateur, il revient au chef de service de décider de l'arrêt des traitements – sans préciser s'il s'agit, dans le cas de Vincent H., du médecin défavorable à ce qu'il parte ou du docteur Chaussoy (les deux se sont succédé). La loi ne tranchait ainsi pas son cas, chacun pouvant y lire ce qu'il voulait. Sa promotion s'accompagnait d'un élément de langage concernant l'affaire Vincent Humbert : « Plus jamais ça ! » Ce qui, là encore, est assez peu clair pour être consensuel. Ce flou était volontaire : les partisans de la légalisation de l'euthanasie pouvaient reconnaître en cette loi une étape nécessaire avant légalisation, alors que, de fait, elle les excluait du débat.

Jean-Luc Romero, en démédicalisant le sujet et en se coupant des médecins, sert cette logique. Il prive de parole les membres du corps médical favorables à l'euthanasie, et conforte ce mythe selon lequel la médecine française serait totalement étrangère ou fermée à cette idée. Dans le même temps, puisque le terme « euthanasie » n'est pas employé dans la loi, chaque médecin peut désormais avoir sa propre définition de ce qui relève ou non de l'obstination déraisonnable, de ce qui est objectif ou non... Cela lui appartient, à lui et à lui seul. Dans ce fait divers Humbert, les proches sont donc exclus, passifs, soumis au seul avis médical. La loi fait ainsi totalement l'impasse sur la mouvance pro-vie, qui conserve son influence dans le monde médical. Les partisans de la vie à tout prix peuvent ainsi donner une définition de l'euthanasie qui va progressivement mordre sur le principe de l'obstination déraisonnable, déjà flou à la base, pour se servir de cette loi comme d'un instrument qui permet d'imposer la vie.

L'affaire Vincent Lambert a en elle-même été rendue possible par la loi Leonetti. Et si on établit un parallèle entre les deux faits divers, Lambert et Humbert, on peut noter qu'on a fait dire au premier qu'il voulait vivre (il ferme intensément les yeux, il pleure...), tandis que l'autre aurait affirmé son désir de mourir. Éric Kariger, en 2014, n'avait pas fondé sa décision sur les oppositions aux soins de Vincent. Mais il avait envisagé que cela puisse traduire une demande réfléchie de sa part (ce qui aurait été très étonnant). Du côté des parents et de ceux qui les soutenaient, on a continué de prétendre, contre toute évidence et contre toute cohérence, que le corps médical se fondait exclusivement sur les oppositions aux soins pour justifier sa « décision de mort », tout en prétendant que les réactions de Vincent démontraient en fait scientifiquement qu'il voulait vivre. Un parallèle appuyé avec l'affaire Vincent Humbert, et le fameux « Plus jamais ça ! ».

Dans son fondement, la loi, votée à l'unanimité, signe ainsi une alliance ambiguë entre ceux qui s'opposent à l'euthanasie et la puissance conférée au monde médical, autant que souhaitée et revendiquée par celui-ci. À partir de là, s'est forgé un langage commun entre ces deux forces : l'arrêt des traitements incarne le consensus, tandis que l'euthanasie représente le dissensus. Là résidait d'ailleurs l'étrangeté dans cette procédure devant le Conseil d'État et la CEDH : trancher entre toutes ces médecines – experts, CNOM, Leonetti – ne confère toujours aucun droit au patient. Et pour Vincent, dans le même état, dans le même contexte, si Éric Kariger n'avait rien voulu faire, il aurait été impossible de le contraindre à arrêter les traitements. Je dis bien le *contraindre*, car, comme il ne s'agit pas d'une euthanasie, aucune clause de conscience n'est prévue.

Au début de l'affaire, il n'existait pour moi qu'une seule médecine, dans laquelle « le médecin » avait forcément raison. Il incarnait une sorte de neutralité juste. Il m'aurait pourtant suffi d'observer mon grand-père pour comprendre que, pour un sujet comme celui-là, ma logique n'était pas viable. C'est en me confrontant à toutes ces « idéologies » divergentes que j'ai changé d'avis. D'autant que les désaccords enfouis allaient apparaître au grand jour par la suite.

Une nouvelle loi sur la fin de vie a donc été votée. Elle a été promulguée le 2 février 2016. Nous n'y sommes pas encore à ce moment de l'affaire, en juin 2015. Les débats sont en cours, et le nom de Vincent Lambert est cité à plusieurs reprises. La proposition de loi débattue qualifie l'alimentation et l'hydratation artificielles de « traitements » (à la suite de la décision du Conseil d'État de février 2014, rendue dans l'affaire Lambert), ce qui permet de les arrêter. Elle veut également préciser la place des directives anticipées dans la prise de décision. Avant, l'article R. 4127-37 du Code de la santé publique posait : « La décision de limitation ou d'arrêt de traitement *prend en compte* les souhaits que le patient aurait antérieurement exprimés, en particulier dans des directives anticipées. » Cela permettait d'asseoir l'arbitraire médical (sous couvert de subtilité et d'absence d'automaticité) et d'éviter tout ce qui pouvait définir l'euthanasie. La nouvelle loi entraîne une nouvelle rédaction de cet article : « Lorsque le patient est hors d'état d'exprimer sa volonté, le médecin en charge du patient *est tenu de respecter* la volonté exprimée par celui-ci dans des directives anticipées. »

Lors de son passage au Sénat, la commission des affaires sociales a supprimé la mention qualifiant l'hydratation et l'alimentation artificielles de traitements. Cela signifiait, pour elle, un retour vers l'euthanasie. Le Sénat a ensuite rejeté l'ensemble du texte, le 23 juin 2015, soit moins de trois semaines après la décision de la CEDH concernant Vincent et la veille du dépôt du recours en révision par les parents. Vincent Humbert était lui aussi maintenu en vie par une alimentation et une hydratation artificielles. En 2005 déjà, le consensus n'était donc pas forcément pour l'arrêt des traitements. Il était en faveur de la « loi », dans tout ce qu'elle avait d'ambigu.

L'unanimité de 2005 était ainsi perdue, bien que les partisans de la légalisation de l'euthanasie aient une nouvelle fois voté en faveur du texte. Et si les contre, principalement des pro-vie, n'ont pu bloquer le vote à l'Assemblée, ils ont pu, dans les faits, en empêcher l'application, grâce à l'affaire Vincent Lambert et aux partisans de l'euthanasie en France, peu pragmatiques.

Se servir de mon oncle à des fins idéologiques avait déjà été tenté au début de l'année 2014, lorsque le CHU de Reims avait refusé d'interjeter appel de la décision du tribunal administratif, et qu'il s'était résolu à le faire sous la pression. C'est ce que m'avait ouvertement affirmé Emmanuel Hirsch, le directeur de l'Espace éthique de l'AP-HP, dans les locaux de BFM TV le 13 février 2014. Ce jour-là, il m'a abordé pour me dire que, à titre personnel, il ne désirait pas que le CHU aille devant le Conseil d'État. Il aurait préféré laisser Rachel s'y rendre seule et assurer ensuite qu'il s'agissait d'un conflit familial. « Mais bon, malheureusement, c'est trop tard. » La ministre de la Santé Marisol Touraine ne cachait pas sa proximité avec Rachel, probable raison pour laquelle elle avait finalement demandé au CHU de ne faire appel que pour suivre celle-ci. Rachel seule contre les parents, c'était aussi son scénario. Le même que celui des parents de Vincent, de façon très pragmatique dans leur cas, comme dans celui d'Emmanuel Hirsch. Le conflit familial tel que l'entendait ce dernier aurait de fait placé le médecin au-dessus de tous, afin de montrer au juge ce qu'il se passe quand il s'en mêle. Les proches auraient ainsi servi d'épouvantails, en particulier Rachel, qui aurait joué le rôle médiatique de la mère de Vincent Humbert. Le médecin devenait alors le seul acteur légitime. C'était une stratégie qui, en apparence, pouvait arranger tout le monde. Sauf qu'elle n'avait aucune chance de déboucher là où elle prétendait amener les pro-euthanasie ou la médecine qui ne veut rendre de comptes à personne : le juge allait se prononcer quoi qu'il se passe, nous le savions déjà à l'époque. Cette stratégie avait même l'avantage de présenter les personnes favorables à l'euthanasie et les médecins favorables à l'arrêt des traitements comme voulant se soustraire à l'État de droit, par opposition à ceux voulant maintenir le patient en vie.

Emmanuel Hirsch, tout au long de l'affaire fit partie de ceux qui voulaient maintenir en vie Vincent.

Le 1er septembre 2014, n'en pouvant plus, Éric Kariger se met en disponibilité du CHU de Reims. Il est remplacé par le docteur Daniela Simon, qui avait arrêté les traitements de Vincent en 2013 et donné une opinion favorable à l'arrêt des traitements lors de la procédure collégiale de 2014. Rien n'avait changé dans le service, tous les professionnels y exerçant connaissaient Vincent depuis des années. Néanmoins, quelques jours avant que la CEDH ne rende sa décision le 5 juin 2015, j'apprends que le « nouveau » médecin en charge de Vincent s'apprête à relancer une procédure collégiale. En clair : tout reprendre depuis le début, et risquer donc par là de nouvelles procédures. Le renouvellement de la collégiale reposait sur une interprétation de la loi, qui n'existait pas encore dans la jurisprudence, mais qui pouvait permettre justement de mettre Vincent de côté au profit de telle ou telle revendication. Aux termes de l'article R. 4127-37 du Code de la santé publique : « La décision de limitation ou d'arrêt de traitement est prise par *le médecin* en charge du patient [...]. *Le médecin* [...] met en œuvre les traitements, notamment antalgiques et sédatifs. » Selon cette interprétation, puisque le terme de « médecin » est mentionné à deux reprises, le même praticien doit prendre la décision *et* l'appliquer. Éric Kariger étant parti, il fallait donc tout reprendre depuis le début.

Il s'agissait selon moi d'une négation du cas particulier de Vincent, d'une première étape dans la réification de sa personne. On ne prenait pas en compte la complexité du contexte, ni le temps passé par le docteur Simon à s'occuper de Vincent. Non, on posait une question de droit purement théorique, qu'on pouvait imposer facilement, au vu de l'enjeu et du consensus qui se dégageait quant à la nécessité de tout reprendre, motivé également par la nécessité de retrouver de l'« apaisement », terme qui, là encore, n'avait pas la même signification pour tout le monde.

L'apaisement. Tel qu'il était présenté, il devait venir de ce qu'on allait tout remettre à plat, sans parti pris (sous-entendu : auparavant, il y en avait un), dans l'écoute et le respect de chacun, et en vérifiant bien l'état de santé de Vincent (sous-entendu : on ne s'en souciait plus du fait des diverses procédures juridictionnelles), notamment la capacité de déglutition récemment retrouvée selon ses parents, sur laquelle la CEDH n'avait pu se pencher car elle n'est pas composée de médecins. Ainsi, être opposé à tout reprendre signifiait vouloir tuer Vincent sans connaître son état médical. Il était pourtant évident qu'on n'obtiendrait pas d'apaisement en donnant une prime aux pressions aux parents de Vincent, qui avaient pour partie provoqué le départ du docteur Kariger, et en présentant la décision comme arbitraire, car propre au médecin en charge de Vincent.

J'ai envoyé un e-mail dès le 2 juin 2015 à Daniela Simon, pour lui demander de ne pas entrer dans le jeu de Pierre et Viviane, qui allaient multiplier les procédures. Donc de se protéger et de protéger son patient, en lui donnant des droits, derrière tout ce qui avait été entrepris. Ce n'est pas Daniela Simon qui m'a répondu, mais un membre de l'administration, chargé de l'aspect juridique de l'affaire. Si le médecin peut lui-même choisir un avocat pour le représenter, au nom de son indépendance, il peut aussi laisser le soin à son établissement d'en nommer un et de le mandater pour lui. Éric Kariger avait lui-même trouvé son avocat, en réaction à l'absence de soutien du directeur du CHU. Mais ce n'était plus le cas avec Daniela Simon. J'appris plus tard qu'Éric Kariger avait été reçu par cette même administration quelques jours avant le 5 juin, qui lui avait demandé de rester en retrait le temps de la nouvelle collégiale. Cela permettait de s'assurer qu'il n'y ait aucune voix discordante.

Ainsi, quand la décision de la CEDH a été rendue le 5 juin, et qu'elle donnait tort aux parents de Vincent, ceux-ci l'ont présentée comme un succès, puisque tout devait reprendre. Il y avait « encore de l'espoir pour Vincent Lambert ». Les médias ont naturellement accompagné ce recul annoncé. Sur certaines chaînes, on affirmait que, comme l'équipe médicale avait changé, il fallait tout reprendre depuis le début. Cette ambiguïté a persisté pendant tout le temps de l'affaire : on fait un totem du médecin en charge, qui doit pouvoir faire ce qu'il veut, mais si cela devient trop visible, on évoque une « décision de l'équipe médicale », ce qui exclut tout débat. Les volontés de Vincent, reconnues par des décisions de justice, ont été systématiquement piétinées. Le même 5 juin, Marisol Touraine, ministre de la Santé, ayant déposé une proposition de loi quelques années auparavant pour la légalisation de l'euthanasie, dira d'ailleurs dans une interview accordée au site du *Point*, à propos de Rachel : « Maintenant, il lui appartiendra de voir comment envisager la suite. » L'usage du futur m'interpelle particulièrement : « Il lui appartiendra », à elle, donc, et non à lui. On est là encore loin du cas particulier de Vincent.

Imposer l'épouse ou le médecin tout-puissant revient à donner une nouvelle fois raison au CHU : les juges ont eu tort d'ordonner la reprise des traitements. Mais cela conforte aussi les parents de Vincent. Quand on nie la réalité au profit d'un idéal (d'absence de justice, ici), on tombe dans l'idéologie. Cette stratégie ne fait pas remonter le temps. Celui-ci continue de s'écouler, et Vincent continue d'être maintenu en vie.

Le sol se dérobe sous mes pieds, et je tente de créer un mouvement pour m'opposer à l'inertie qui s'installe doucement. Je ne veux pas relancer la machine, et pourtant c'est ce que provoque chacune de mes interventions médiatiques. Je suis inséré dans un débat dont je suis seul à contester la légitimité. Si je dis qu'il faut conclure, cela alimente le débat pour savoir comment conclure convenablement.

Le 10 juin au matin, conformément à ce que certains soutiens de Pierre et Viviane annonçaient, une vidéo de Vincent sur son lit d'hôpital est mise en ligne sur le site d'un journal. Elle incite à projeter sur lui un ressenti de souffrance, et une détresse à l'annonce du « verdict » de la CEDH et de sa supposée mort prochaine. Une étape de plus dans sa déshumanisation. La vidéo est largement reprise. Sur certaines chaînes, le visage de Vincent n'est pas même flouté. Jean-Luc Romero me suggère d'en référer au CSA. J'appelle ce dernier, avant d'envoyer un communiqué. Vincent sera ensuite flouté.

Maintenant que tout était posé, les alliances et les rapports de force allaient pouvoir s'exprimer à travers Vincent, au gré des arrangements des uns et des autres : médecins voulant conserver leur pouvoir s'appuyant sur Rachel et sur les opposants à l'euthanasie ; les partisans de sa légalisation s'appuyant sur Rachel ; les anti-euthanasie jugeant la médecine et son tournant euthanasique en s'appuyant sur les proches favorables à l'arrêt des traitements... et sûrement d'autres alliances que je n'ai pas vues. Le cocktail d'une affaire qui s'éternise. Aux dépens de Vincent.

Pour que cela soit possible, il fallait s'assurer que Daniela Simon aille aussi dans le sens de

« l'apaisement », puisque tout reposait sur elle. De fait, elle était conseillée par l'administration du CHU, mais aussi sûrement par les représentants de chaque camp. Elle est d'origine étrangère, donc peu familière de la médecine française, ce qui la rend largement influençable et la prive de la capacité qu'avait Éric Kariger de s'imposer. Ce recul allait trouver sa racine dans l'éthique, au sens le plus vulgaire du terme.

Le 4 juin, Marie lui rend visite. Daniela Simon lui affirme alors qu'elle n'arrêtera pas les traitements de Vincent, mais qu'elle entreprendra une nouvelle procédure collégiale, afin de faire les choses convenablement, selon elle. En clair : le médecin doit obtenir l'apaisement en s'imposant. Personne ne se serait plaint si Éric Kariger s'était imposé comme il le fallait. Normalement, face au médecin, on n'a pas idée de se plaindre...

Le matin du 7 juillet, j'envoie un e-mail à Daniela Simon dans lequel je lui demande d'appliquer la décision de Kariger. Quelques minutes plus tard, je reçois une réponse de sa part, une convocation : « J'ai choisi d'engager une nouvelle procédure collégiale. »

La première réunion se tient le 15 juillet. Lorsque je tente de parler au docteur Simon, je me heurte à un mur. Elle me le répète sans cesse : c'est à elle de décider.

Je conclus : « J'ai deux choses à vous dire. La première, c'est que quelle que soit votre décision, elle sera contestée devant les tribunaux. Pour ma part, ce que je ferai si vous prenez une décision d'arrêt des traitements, c'est que je la collerai à celle de Kariger, en disant que vous n'avez fait que confirmer sa décision, et que donc il ne doit pas y avoir de nouvelles procédures juridictionnelles. En droit, cela s'appelle une décision confirmative. La seconde chose que j'ai à vous dire, c'est que l'avocat du CHU prétend défendre la toute-puissance médicale, mais qu'il défend autre chose. »

J'essaie de lui dire que, au lieu de se préparer à adopter une position victimaire pour montrer qu'elle avait raison, elle devrait arrêter les traitements de Vincent. Pour imposer le médecin, il faut imposer le patient, ce qui peut aussi constituer une forme d'apaisement. Le médecin ne sera pas imposé seul, déconnecté du patient. Le rôle qu'on s'apprête à lui faire jouer, sous couvert de défendre son indépendance, est celui du médecin pro-vie. Seule cette toute-puissance est défendue par le CHU, dans la logique de la loi. Mais j'étais seul à affirmer cela, de sorte qu'il était totalement illusoire de penser que cela pourrait changer quoi que ce soit à ce qui se préparait.

Lors de ce rendez-vous, ma mère et moi avons perçu Daniela Simon comme complètement dépassée par la situation. Je ne peux pas dire qu'elle personnifiait la condescendance médicale, comme d'autres. Mais elle constituait un alibi précieux : au vu de son passé dans cette affaire, on ne pouvait l'accuser d'être en faveur de la vie à tout prix. Elle était aussi clairement victime de la situation, ce qui rendait mon ressenti à son égard extrêmement ambigu. Mais dans le fond, elle n'avait aucune excuse : elle savait très bien qui elle avait en face d'elle, et elle aurait pu « choisir » de ne pas tout reprendre depuis le début. Un exemple parmi d'autres : dans un courrier daté du 28 octobre 2013, qu'elle a forcément lu, les parents exigeaient le transfert de Vincent, c'était selon eux « la seule raison pour laquelle [leurs] avocats ont sursis à la plainte pénale pour tentative d'assassinat sur personne vulnérable du mois d'avril dernier ». Avril dernier, c'est 2013, l'arrêt des traitements dans le dos des parents. Plainte pénale qui ne concernait donc pas seulement Éric Kariger, mais aussi les docteurs Daniela Simon et Ana Oportus qui avaient effectivement procédé à l'arrêt des traitements.

Alors que j'avais réussi à garder mon calme, j'ai explosé en sortant de ma rencontre avec Daniela Simon : la décision d'Éric Kariger n'avait pas été prise pour lui-même mais pour Vincent. J'ai évoqué la toute-puissance médicale, qui, tout comme le terme de paternalisme, est une expression en quelque sorte « privatisée » par les défenseurs de l'euthanasie, et perçue par ses opposants comme la critique du médecin se refusant à accéder à la demande des proches. Ce sont des mots qui ont cessé de signifier pour eux ce qu'ils signifient pour la majorité. Ce qui est tout de même bien pratique.

À la sortie de leur entretien avec Daniela Simon, les parents de Vincent ont annoncé quant à eux déposer une plainte au pénal contre elle (tentative d'assassinat, comme prévu). Ils ont déposé également une plainte pour faux contre Rachel, qui avait produit une attestation écrite dans laquelle elle décrivait précisément la discussion qu'elle avait eue avec Vincent à son retour de stage en réanimation. Son maître de stage lui reprochait de ne pas assez parler à ses patients. Dans son attestation, Rachel écrivait, en citant Vincent : « Si je finis dans cet état, je voudrais que tu me piques ». Comme prévu, là encore. Autant de nouvelles excuses pour justifier le recul.

Le 23 juillet, jour de l'annonce de la décision, il n'y a aucun suspense. Je suis dépité, mais je ne veux pas en rester là. Si Daniela Simon n'arrête pas les traitements de Vincent, je contesterai sa décision. Ce qui servira la stratégie victimaire du CHU, qui apparemment n'attend que ça, que nous allions au tribunal. On notera que les menaces ne sont pas hiérarchisées avec la même intensité : celles des parents pour le maintien des traitements entraînent le maintien des traitements, les miennes en vue d'obtenir l'arrêt des traitements entraînent le maintien des traitements.

Dans le bureau dans lequel nous attendons Daniela Simon, les parents de Vincent, et David, sont extrêmement sereins. Le médecin évoque les menaces d'enlèvement, les recommandés furieux que je lui ai envoyés, comme autant d'éléments prouvant que les conditions ne sont pas réunies pour arrêter les traitements. Elle nous annonce par ailleurs demander la mise sous tutelle de Vincent pour le protéger, sans nous préciser de quoi. Au final, elle s'est par là, rangée derrière l'avis de Pierre et Viviane. C'est pour eux qu'elle a « fait les choses bien », comme elle l'avait annoncé à Marie un mois et demi plus tôt. Le même jour, le CHU publie un communiqué, en précisant que l'état de Vincent n'a pas changé, et que le praticien a considéré qu'il manquait de la « sérénité » pour mener à son terme la procédure collégiale. À état médical équivalent, ce médecin aurait donc décidé de maintenir en vie, tandis qu'un autre aurait peut-être décidé d'arrêter les traitements. Le CNOM a également publié un communiqué, affirmant que le cadre légal devait permettre d'empêcher que les uns ou les autres ne s'expriment au nom de Vincent. Il demandait que sa vision objective de l'acharnement thérapeutique prévale. Notons que, s'il a défendu l'indépendance de Daniela Simon, il a piétiné les volontés de Vincent que Daniela Simon avait elle-même constatées.

Il s'agit là d'une mise en musique extrêmement brutale de l'article R. 4127-37 du Code de la santé publique, qui pose : « [Le médecin] *doit* s'abstenir de toute obstination déraisonnable dans les investigations ou la thérapeutique et *peut* renoncer à entreprendre ou poursuivre des traitements qui apparaissent inutiles, disproportionnés ou qui n'ont d'autre objet ou effet que le maintien artificiel de la vie. » Même lorsqu'une obstination déraisonnable a été constatée, y compris par les plus hautes juridictions nationale et européenne, le médecin peut ou non arrêter des traitements. Le seul interdit est celui de l'euthanasie.

Ce qui fait mécaniquement des pro-vie une boussole : quand elle s'affole, c'est qu'on « perd le nord », comme disait Jean Paillot en 2014 dans sa plaidoirie devant le tribunal administratif de Châlons-en-Champagne. Un mois avant cette audience, lorsque j'avais déposé une tierce opposition devant ce même tribunal, et alors que la procédure collégiale menée par Éric Kariger n'avait pas encore été menée jusqu'à son terme, le même avait demandé : « La cessation immédiate de la procédure collégiale [*ce qu'a fait Daniela Simon en 2015*], que Vincent Lambert soit, sans délai et avec exécution provisoire, déplacé dans le service spécialisé du docteur Bernard Jeanblanc [*le transfert avait été demandé mais refusé par le juge administratif, mais il pouvait peut-être être ordonné par le juge judiciaire lors de la procédure de mise sous tutelle*]. Enfin, il serait opportun qu'une mesure de mise sous protection des majeurs soit ordonnée afin de protéger Vincent Lambert [*ce qu'a annoncé Daniela Simon en 2015*]. À défaut de quoi, la présente procédure et ses démembrements les plus odieux ne cesseront pas [*grâce ici à la reprise d'une procédure médicale qui allait entraîner de nouvelles procédures juridictionnelles, notamment la mise sous tutelle*]. Il importe désormais de faire en sorte que Vincent et sa famille retrouvent un peu de sérénité [*terme employé par le CHU dans son communiqué de 2015 pour justifier le recul*]. »

Dans cette mise en scène, le CNOM et le CHU de Reims ont obtenu la compassion et le soutien d'une presse unanime les 23 et 24 juillet 2015. « Coup de théâtre » (donc totalement imprévisible), et « pauvres médecins », qui subissent les pressions. La vraie victime de tout ça, pour moi, c'était Vincent, totalement dilué. Un objet politique. Sous couvert de faire les choses bien et avec précision, on incitait chacun à se prononcer avec ses propres échelles de valeur, et ses propres solutions pour sortir de l'impasse. Rien du cas particulier Vincent Lambert n'existait plus. Tout avait été effacé. Il était cette page blanche dont chacun s'emparait pour réécrire l'histoire. La mise en retrait du médecin allait permettre à une certaine médecine de se dédouaner en se servant de son patient : l'affaire Lambert, les médecins n'y étaient pour rien. Dans le storytelling désormais, c'était « la faute au conflit familial ». Le corps médical déplorait ainsi le fait que tout le monde se prononce, se préparant à être la solution au problème qu'il avait lui-même créé. Vincent subissait ainsi à nouveau une réalité qui devait s'accommoder d'un idéal, et non l'inverse.

De son côté, l'Église catholique est restée discrète, à ce moment de l'affaire. Le président de la Conférence des évêques de France était reçu par le président Hollande le lendemain du recul, le 24 juillet 2015. La Conférence n'avait fait aucune déclaration depuis le début de l'affaire. Lorsque celle-ci a repris, quelques années plus tard, le pape et la Conférence des évêques de France ont communiqué allègrement, donnant alors l'impression qu'il y avait un vrai « risque » pour Vincent.

Le contrecoups psychologique a pour moi été énorme. J'ai été seul, véritablement seul, à partir de là. Le conflit familial était une mise en scène infantilisante, dans laquelle les proches se servaient de Vincent pour se faire du mal entre eux. Ils étaient interdépendants, et incapables de comprendre les diverses décisions prises. Les parents de Vincent, pourtant fort susceptibles, n'ont jamais critiqué cette mise en scène. Car elle maintenait leur fils en vie.

7.

C'est le 17 janvier 2008, huit mois avant l'accident de Vincent. J'arrive à Vadenay avec mon équipe de tournage. Nous sommes cinq, et allons filmer toute la journée dans l'appartement de Vincent et Rachel, composé d'un grand espace au rez-de-chaussée, et de trois chambres exiguës ainsi que d'une salle de bains à l'étage. Mais pour cela, j'ai besoin que tout soit vide, donc de déplacer ce qui meuble. Ce dont nous sommes convenus.

Vincent salue le groupe en vitesse, puis s'approche d'un pas pressé vers moi afin de me faire la bise, tout en me glissant à l'oreille : « Rachel ne veut pas que tu bouges quoi que ce soit, mais moi, je m'en fous, je vais l'emmener en ville toute la journée, et une fois qu'on est partis, tu fais ce que tu veux. » Nous enlevons tout, sauf le poste de télévision et une table.

Le film racontait l'histoire d'une star du métal « fabriquée » par sa maison de disques dès la naissance. Privé de langage depuis toujours, l'homme ne s'exprimait qu'à travers son corps, par des réflexes, ce qui lui conférait un côté bestial, primaire. Dans l'espace vide et sombre – tous les volets sont fermés – où il est confiné, seule trône une télévision, qui lui transmet occasionnellement des messages. Des jeux de lumières très basiques lui indiquent le chemin à prendre : une lampe qui s'éteint lui indique qu'il doit quitter la pièce, une autre qui s'allume la pièce qu'il doit rejoindre. Je joue moi-même le rôle du cobaye, homme objet, conçu pour générer du spectacle et déchaîner les foules avides de sa souffrance.

Nous avons tourné jusqu'à tard, puis tout remis en place chez Vincent et Rachel, avant de repartir. Le film serait finalisé quelques années plus tard. Il s'inspirait, comme tout film, d'une réalité ressentie. Pas forcément vécue. En tout cas pas dans de telles proportions. Néanmoins, quelques années plus tard, c'est la réalité qui allait dépasser la fiction, et plus l'affaire se dévoilait à partir de 2015, plus j'avais l'impression que le film racontait un de ses aspects : un spectacle où les souffrances sont mises en scène, et commentées ensuite par les metteurs en scène.

Après le désastre annoncé de juin et juillet 2015, deux procédures vont se dérouler en parallèle. La première, à mon initiative, se tiendra devant le juge administratif. La seconde, la procédure de mise sous tutelle de Vincent – présentée comme une bataille de légitimité pour représenter Vincent, ce qui n'est pas faux en soi, mais qui ne concerne absolument pas sa fin de vie –, devant le juge judiciaire. Les pro-euthanasie, qui auraient dû être mes alliés, soutiendront cette procédure. Alors que son contexte est le conflit familial, qui, de fait, discrédite l'ensemble de la famille, et encourage à désigner comme tuteur une personne extérieure. La mise sous tutelle est également présentée comme la seule solution permettant de clore le volet judiciaire de l'affaire, donc à donner au médecin en charge la possibilité de prendre la décision qu'il veut sans qu'un membre de la famille puisse contester quoi que ce soit. Ces deux procédures iront pourtant devant le Conseil d'État, pour l'une, et devant la Cour de cassation, pour l'autre.

Dans ces conditions, je m'apprête à attaquer le CHU de Reims, afin de mettre en lumière son fonctionnement. Il s'agit pour moi de décrypter la traduction juridique de sa mise en scène cruelle, avec cette sensation que tout était entendu d'avance. En septembre 2015, je dépose un recours devant le tribunal administratif de Châlons-en-Champagne contre les deux décisions de Daniela Simon : celle du 7 juillet d'engagement d'une procédure collégiale, et celle du 23 juillet de « suspension » de cette procédure. Tout cela, dans le but que soient donnés des droits au patient, après qu'on a constaté son droit fondamental de ne pas subir d'obstination déraisonnable en 2014 puis en 2015.

Dans son mémoire, déposé dix jours après le dépôt de ma requête, le CHU évoque clairement ce que signifie « apaisement » pour lui. Il recopie par trois fois une partie de l'e-mail que j'ai envoyé à Daniela Simon le 24 juillet, lendemain de son recul, dans lequel j'évoquais la violence du lobby anti-euthanasie, dont elle n'a pas protégé son patient, et auquel elle exposait toute personne qui demanderait un arrêt de traitements. Comme pour me dissuader d'agir, et *in fine* inciter le juge à me protéger. Plus loin, le CHU rappelle que la CEDH a confirmé qu'il n'y aurait pas violation de l'article 2 de la Convention en cas d'application de la décision, puis ajoute : « Ce faisant, la Cour laisse entendre que d'autres dispositions que l'article 2 pourraient être violées par sa mise en œuvre. » Un autre moyen de pression dont il use, cette fois-ci à l'encontre du médecin dont il défend l'indépendance : la décision pourrait être illégale, donc le mieux est de prétendre ne pas en prendre (ce qui revient à maintenir en place les traitements).

Il poursuit : « Les troubles de l'ordre public évoqués [...] se [sont] apaisés depuis la suspension de la procédure d'arrêt des traitements. » En clair : la soumission au point de vue des parents devrait seule pouvoir apaiser la situation. L'avocat du CHU défend ainsi le droit du docteur Simon de maintenir son patient en vie envers et contre tout (y compris ses propres opinions donc). Une stratégie clairement exposée par lui à la sortie de l'audience du 29 septembre 2015 : « [Le médecin] va prendre des décisions qui ne seront pas totalement en conformité avec votre volonté [*sic*], d'accord, mais ce sera dans l'intérêt du patient, toujours. Le médecin a décidé qu'elle n'avait pas à suivre la décision de son confrère, le CHU ne peut rien faire. » L'indépendance du médecin interdit donc au CHU de lui enjoindre quoi que ce soit. Mais elle n'empêche pas le médecin de suivre les conseils que son administration lui donne.

Les avocats des parents défendront exactement la même ligne durant toute la procédure, aidant même le CHU à gagner son procès devant le tribunal administratif de Châlons, usant d'un argument auquel le Conseil de l'établissement hospitalier n'avait pas pensé : le recul est intervenu afin de préparer l'intervention d'une décision, qui n'existe pas encore, et qu'on ne peut donc pas contester.

Ma perception de tout ce qui s'est passé jusque-là change avec cette procédure. Avant elle, lorsque des décisions étaient rendues, je voyais les droits de Vincent. En réalité, j'ai compris là que le patient n'en avait jamais eu. Il s'agit toujours du médecin qui constate, qui considère que... La juridiction saisie ne fait que constater que les conditions sont réunies pour que le médecin *puisse* prendre une décision d'arrêt des traitements. Elle encadre ainsi le médecin pour éviter qu'il ne tombe dans l'euthanasie.

La décision du tribunal administratif est rendue le 9 octobre 2015 : aucune des décisions de Daniela Simon n'est contestable. Je ne partais pas nécessairement vainqueur devant le juge, mais je n'imaginais pas qu'on puisse traiter un être humain, Vincent en l'occurrence, de façon aussi légère et méprisante. En 2014, laisser partir le patient revient à le respecter ; en 2015, le respecter revient à le maintenir en vie. Je fais appel de cette décision devant la cour administrative d'appel de Nancy. Pas le Conseil d'État, car nous ne sommes pas en référé ici, les conditions de l'urgence n'étant pour le juge pas réunies. Raison pour laquelle cette procédure durera en tout deux ans.

Après dépôt d'une requête vient ce qu'on appelle l'instruction : échanges de mémoires, réponses aux mémoires des parties adverses... Elle est en général clôturée quelques jours avant l'audience. Cela signifie que les juges ne peuvent plus tenir compte des mémoires envoyés, sauf à rouvrir l'instruction. Et donc à repousser éventuellement l'audience. Les 26 octobre 2015 et 26 février 2016, le CHU demande à la cour un délai supplémentaire pour pouvoir répliquer. Cette dernière y répond favorablement. Le mémoire du CHU sera pourtant peu ou prou un copier-coller de son précédent. Le 14 mars 2016, toujours pour étirer le temps, il fera une nouvelle demande de délai ; refusée cette fois-ci. L'instruction est clôturée le 3 février 2016. Mais le 8 février, la cour recevra simultanément de nouvelles pièces de Jérôme Triomphe, et un courrier de l'avocat du CHU. L'instruction sera rouverte le même jour.

L'audience devant la cour administrative d'appel de Nancy se déroule le 26 mai 2016. Pour moi, c'est, comme d'habitude, encore l'humiliation. Je suis à nouveau présenté comme le neveu cherchant à exister à tout prix, l'étudiant en droit enthousiaste à l'idée de lancer sa propre procédure, jaloux de l'épouse, se plaçant au-dessus des médecins... La procédure est présentée comme une aventure solitaire, qui n'a aucune chance de succès. Vision largement partagée, comme une évidence. Dans ce contexte, j'accueille les conclusions du rapporteur public avec une certaine satisfaction : la tutelle ne sert à rien, il n'y a donc aucune raison d'attendre, le médecin et le CHU se sont mis volontairement dans une impasse, puisque la reprise de procédure collégiale avait annulé la décision d'Éric Kariger, qui n'existait donc plus, et que cette procédure collégiale pouvait ne jamais aboutir ensuite. Il a contesté ce que défendait le CHU, à savoir que le médecin était obligé d'engager une nouvelle procédure collégiale, qui n'était pas prévue par les textes. Il pouvait le faire, mais il n'y était pas contraint. S'il l'entreprenait, il devait l'assumer. En conséquence, au vu du comportement du CHU et du médecin en charge de Vincent, il propose d'enjoindre directement au médecin de terminer sa procédure collégiale. Il envoie ainsi, *a minima*, un message : les choses ne sont pas de l'ordre de l'évidence, donc pas neutres. Le CHU a bien choisi une interprétation de la loi, soutenu par nombre d'acteurs médicaux, quand il aurait pu en défendre une autre, et ce devant « son » juge.

La décision est rendue le 16 juin 2016. La cour se contente d'annuler la décision du 23 juillet 2015 : « Il découle nécessairement de cette annulation que le docteur Simon, médecin en charge de M. Vincent Lambert, poursuive cette procédure. » Le CHU devait ainsi *permettre*, par une injonction de la cour, au docteur Simon de terminer la procédure collégiale. Sans rien pouvoir enjoindre au médecin, du fait de son indépendance. Un mauvais signe : l'indépendance du médecin ne tient que tant que son comportement n'est pas illégal ; en cas d'illégalité, comme c'est le cas ici, l'indépendance ne peut justifier que le médecin soit intouchable. Sauf à parler alors d'impunité.

Le lendemain, le CHU publie un communiqué annonçant qu'il respectera l'arrêt de la cour administrative d'appel de Nancy. Je reste prudent, à raison. Deux mois plus tard, les parents déposent un pourvoi devant le Conseil d'État. Ce qui implique que l'arrêt de Nancy va trop loin pour eux, mais aussi qu'ils ont la certitude que le Conseil d'État n'ira pas plus loin. Ce pourvoi n'empêche en rien l'arrêt de Nancy d'être appliqué, mais annonce encore un an de procédure au moins.

Trois mois plus tard, la situation au CHU n'a pas changé. Le 16 septembre 2016, mon avocat envoie à la cour administrative d'appel de Nancy une demande d'aide à l'exécution. Du fait du pourvoi, la cour transmet directement ma demande au Conseil d'État le 29 septembre 2016. Le Conseil d'État interroge le CHU, qui répond le 14 décembre. Ce dernier assure alors avoir répondu à l'injonction de la cour, aux termes d'une réflexion poussée sur la nature des mesures à mettre en œuvre, sans pour autant violer le principe d'indépendance du médecin. Il détaille ensuite le cheminement intellectuel qu'il a effectué : « Dans le courant de l'été », Daniela Simon a avisé la directrice qu'elle souhaitait quitter le CHU de Reims. La direction de ce dernier a donc voulu mettre en place une réunion pour coordonner le départ du praticien avec l'injonction faite par la cour. Le 22 juillet, le chef de Pôle dressait la liste des participants. Leur nombre élevé a fait naître des difficultés pour trouver une date. La réunion s'est finalement tenue le 18 octobre 2016, soit trois mois plus tard. Le docteur Simon y a annoncé que son départ serait effectif au 1er janvier 2017. Ensuite, le CHU a cherché un nouveau chef de service, mais dit avoir rencontré des difficultés. Il prend ensuite bien soin de rassurer le Conseil d'État : une organisation a été mise en place pour permettre la continuité des soins, notamment pour Vincent Lambert, qui continuera d'être nourri et hydraté malgré le départ du praticien. Conclusion du CHU : « Le praticien qui assurera la suite de la prise en charge de ce patient n'étant pas lié par les décisions de son prédécesseur, ainsi que l'a rappelé la cour administrative d'appel de Nancy, il lui appartiendra de prendre connaissance du dossier de son patient et de définir souverainement le projet de soins qu'il estimera le plus adapté. »

Il conclut enfin, pour détailler ce qu'il entendait par « respecter l'arrêt de la cour » : « Il a été expressément demandé au docteur Simon de veiller à laisser à son successeur un dossier complet et à jour et de veiller tout particulièrement à la "passation de pouvoirs" pour ce patient ». La passation de pouvoirs, lorsqu'on évoque le droit que chaque médecin a de faire vivre ou mourir son patient, me semble particulièrement obscène. Mais veiller à une bonne passation de pouvoirs répond de son point de vue à l'injonction.

Quelques mois plus tard, le conseiller d'État en charge de ma demande établit un rapport, et y confirme les arguments du CHU : un nouveau chef de service a bien été nommé le 2 février 2017 en remplacement du docteur Simon, celui-ci a bien tous les droits qu'on donne habituellement au médecin, notamment la protection juridique fournie par le CHU, et le dossier médical de Vincent lui a été correctement transmis. En clair : l'injonction de la cour a été respectée. Ce qu'assurera à son tour l'arrêt du Conseil d'État, rendu le 19 juillet 2017. Je suis pour la première fois mis face à une « injonction platonique » : elle contraint le CHU et le médecin en charge à faire ce qu'ils désirent, au nom de l'indépendance du second.

Puisque le médecin et le CHU sont indépendants l'un de l'autre, mais que l'arrêt de la cour administrative d'appel évoque les « obligations » du praticien hospitalier, j'envoie un courrier au Conseil départemental de l'ordre des Médecins (CDOM), chargé de sanctionner les professionnels qui ne remplissent pas leurs obligations. Je lui demande de déposer une plainte contre le docteur Simon, qui refuse de terminer sa procédure collégiale (cette dernière travaillant dans un établissement public, je ne peux le faire moi-même). À ce jour, je n'ai reçu aucune réponse. J'écris aussi à François Hollande. Il réagit à mon courrier sur France Bleu : il revient au médecin de décider. Dans ce contexte où l'on évoque les obligations du médecin, qui doit terminer sa procédure collégiale, cela revient à dire que le médecin doit décider de savoir s'il va décider...

En ce qui concerne le pourvoi devant le Conseil d'État, déposé par les parents de Vincent, lors de l'audience du 10 juillet 2017, le rapporteur public propose de se prononcer sur le point de droit dont il est saisi, malgré le départ du docteur Simon, qui rend caduques mes demandes. Il confirmera la nécessité de reprendre une procédure collégiale en cas de changement de médecin. La seule justification qu'il avance est que l'arrêt des traitements implique de donner des antidouleurs au patient. Sous-entendu, un médecin pourrait ne pas le faire s'il ne reprenait pas tout depuis le début. La logique sera reprise de façon implacable par l'arrêt rendu le 19 juillet : l'indépendance du médecin implique que rien ne peut être exigé de lui. Le nouveau professionnel prendra donc la décision qu'il souhaitera. Et selon le Conseil d'État, cela ne contrevient pas au droit de Vincent de ne pas subir d'obstination déraisonnable.

Ce même Conseil d'État rédigera ensuite un communiqué de presse : « Le médecin doit se prononcer ! » L'arrêt dit pourtant tout l'inverse. Il s'agira en réalité d'une injonction par voie de presse, une façon de ne pas totalement assumer ce qu'il dit dans son arrêt. Utiliser le quatrième pouvoir, cela est propre au cas particulier de Vincent Lambert. Pour les autres patients, ceux qui ne bénéficient pas d'une couverture médiatique, il n'y aura qu'une décision de « justice », laissant les proches totalement démunis.

Selon l'article R. 4127-37 du Code de la santé publique (devenu R. 4127-37-2 depuis la nouvelle loi), le médecin est tenu d'engager une procédure collégiale à la demande d'un proche. Mon avocat enverra donc à la suite de l'arrêt une demande d'engagement de procédure collégiale au nouveau docteur en charge de Vincent. L'arrêt du Conseil d'État, comme celui de la cour administrative d'appel de Nancy, n'aura donc servi strictement à rien. Le médecin qui ne veut pas arrêter des traitements est protégé. Et son administration peut le soutenir. Aucun recours n'est effectif en la matière. Les droits du patient ne sont absolument pas conciliés avec ceux du médecin.

À la fin de cette procédure, la nouvelle loi est votée (elle sera promulguée en 2016). Pour défendre les avancées qu'elle contient, et notamment l'obligation pour le médecin de respecter les directives anticipées, nombre de ses soutiens affirmeront que si Vincent en avait rédigé, cela aurait tout changé, grâce à la nouvelle rédaction de la loi (« argument » qui sera d'ailleurs repris par l'ADMD). Mais c'est là encore, à l'image du communiqué de presse du Conseil d'État, pour mieux masquer la réalité. La loi Leonetti de 2005 était considérée par une partie de l'opinion, et notamment Emmanuel Hirsch, comme suffisante, car ayant trouvé un équilibre fragile. Elle demandait au médecin de prendre en compte les éventuelles directives anticipées d'un patient. Ces dernières étaient donc intégrées à sa réflexion. Il n'y avait pas besoin de préciser qu'elles s'opposaient à lui. Cela, pour reprendre un terme employé par le CHU devant le Conseil d'État, était « frustratoire » vis-à-vis du corps médical.

Devant l'Assemblée, lors de la première séance du 11 mars 2015, à la demande d'insérer une clause de conscience dans la nouvelle loi, pour les médecins qui ne seraient pas d'accord pour appliquer des directives anticipées, le député Alain Clayes, corapporteur de la loi, a répondu : « Comme l'a encore rappelé le CNOM [...], la clause de conscience ne s'appliquera pas pour la sédation profonde et continue jusqu'au décès. [Celle-ci] sera donc appliquée par toutes les équipes médicales, en tous lieux du territoire national. » Cet argument concerne ce qu'on nomme le droit de retrait : si le médecin se prononce en désaccord, il peut confier son patient à un autre professionnel, sans quitter l'établissement dans lequel il officie. Le docteur Simon aurait ainsi pu confier son patient à un collègue après l'arrêt de la cour administrative d'appel de Nancy. Ce n'est pas ce qu'elle a fait. Il a fallu attendre qu'elle parte, plus de six mois plus tard. Six mois pendant lesquels le CHU a pu s'assurer que les injonctions ne lui donnaient aucune obligation. Six mois pendant lesquels le calvaire de Vincent se prolongeait.

Du reste, ces décisions et la loi en général révèlent que la notion d'« obstination déraisonnable » relève de la conscience du médecin, avec ou sans directives anticipées en réalité, et qu'elle peut même changer d'un professionnel à l'autre pour le même patient. Le droit de retrait n'a ainsi aucun fondement concret lorsque l'on parle de maintien en vie injustifié (ce qu'est supposée empêcher la loi). Devant un arrêt des traitements illégal, on peut enjoindre à un CHU de reprendre les traitements du patient. Mais ce n'est pas lui, en qualité d'administration, qui s'exécute ; c'est toujours le médecin, que son administration peut contraindre, du fait de l'illégalité de son comportement. Dans ce cas de figure, il n'y a pas d'indépendance qui tienne. Le médecin serait sanctionné s'il s'y refusait ou s'il bloquait la reprise des traitements. C'est ce qui s'est passé pour Vincent en 2013. À l'inverse, en 2015, le recul de Daniela Simon était bien illégal. Rien ne s'opposait donc à ce que le CHU lui enjoigne de terminer sa procédure collégiale ou nomme un autre médecin à sa place pour ce faire. Mais dans ce cas de figure, l'illégalité du comportement du médecin le protège, puisque le CHU se voit alors enjoindre de bien protéger son médecin. Assurer ainsi qu'un comportement illégal ne puisse être sanctionné ne relève pas de l'indépendance, mais bien de l'impunité. Impunité qui se prolonge jusqu'aux instances ordinales, le CDOM de la

Marne ayant lui aussi protégé le médecin du CHU de Reims. Le professionnel de santé est donc définitivement intouchable. Pendant deux ans, je me suis ainsi heurté à un droit particulièrement tordu, qui faisait précisément l'inverse de ce qu'il prétendait faire.

Si, dans l'affaire Lambert, il y avait eu des directives anticipées (qu'on reprochera même à Vincent de ne pas avoir rédigées), elles auraient quand même été contestables (comme la plainte pénale pour faux contre Rachel l'atteste). Les arguments « médicaux » des parents auraient été tout aussi recevables (déglutition récemment retrouvée et autres). Le Conseil d'État n'aurait pas enjoint à un médecin de les respecter, au nom de son indépendance. Et comme seul le médecin en charge peut prendre la décision, notamment parce qu'il devra donner des antidouleurs au patient, le blocage aurait été exactement le même : on ne peut rien enjoindre au médecin, qui ne peut quitter son patient. De sorte que l'argument des directives anticipées ne relève pas de l'honnêteté intellectuelle. En toute logique, si des décisions de justice constatant une obstination déraisonnable sur des bases médicales ne valent rien, alors que le patient est déjà atteint de son mal, les directives anticipées ne vaudront pas davantage, puisqu'elles sont rédigées par un profane, en vue d'une situation hypothétique.

Grâce à cette procédure, le Conseil d'État et le CNOM ont tout simplement abrogé la loi tout juste votée. Elle a donc été ratifiée sans aucune conséquence concrète : le médecin qui veut s'obliger s'obligera, et celui qui ne voudra pas s'obliger ne s'obligera pas. Cette décision du Conseil d'État constituera également un apport à la jurisprudence, en ce que, si elle me permet de demander des droits pour un patient sans rien obtenir, elle me permettrait aussi, dans l'hypothèse où j'aurais voulu le maintien en vie de Vincent, de le demander, seul, en pouvant cette fois-ci obtenir quelque chose (au moins un retard de l'application d'une telle décision).

C'est finalement la réponse du Conseil d'État à ma demande tendant à canaliser la mouvance pro-vie et à minorer une forme de toute-puissance médicale : merci pour cette procédure, elle a servi à favoriser les défenseurs de la vie à tout prix et la médecine toute-puissante, en neutralisant les supposées avancées de la nouvelle loi.

En parallèle de cette procédure, il y avait la mise sous tutelle, qui permettait de faire diversion : la bataille de la légitimité, que j'aurais également engagée en tant que neveu, c'est devant le juge judiciaire qu'elle se joue. Car la stratégie du CHU ne tenait que si le neveu que j'étais allait seul devant le Conseil d'État. Si Rachel s'était jointe à la procédure, la violence des mots utilisés et le détournement du droit, à son encontre, dans une procédure qui aurait alors été présentée comme permettant d'incarner la bataille de la légitimité, seraient apparus immédiatement au grand jour. Raison pour laquelle finalement le communiqué de presse du Conseil d'État a suffi pour faire croire à de la fermeté de sa part.

Le 30 septembre 2015, lendemain de l'audience devant le tribunal administratif de Châlons-en-Champagne, avait lieu l'enregistrement de l'émission de télévision *Toute une histoire*, à laquelle je participais. Le docteur Bernard Devalois, ancien président de la Société française d'accompagnement et de soins palliatifs, qui défend la loi Leonetti, et médecin extérieur lors de la procédure collégiale de 2014, est également invité. Lors de l'émission, il me dira que Vincent va bien, qu'on s'occupe de lui comme il faut, qu'on lui donne des antidouleurs. Le monde médical pouvait ainsi être totalement décomplexé. « Le problème, c'est qu'on ne sait pas qui décide : les parents, l'épouse... le neveu ? » Il feignait ainsi de s'interroger, alors qu'il évoquait le seul point sur lequel la loi était claire.

Le 21 mai 2016, j'intervenais à l'hôpital européen pour parler du cas de Vincent. Le docteur Bernard Devalois était aussi présent. Lorsqu'un journaliste de France Info a pris la parole en faveur de la loi Leonetti, remerciant le médecin de leur avoir demandé, à son frère et à lui, ce qu'il fallait faire concernant le maintien en vie, ou non, de leur père, Bernard Devalois est intervenu immédiatement : le médecin en question avait failli à ses obligations, selon lui, puisqu'il avait fait porter le poids de la décision aux proches. Il était donc lui-même intransigeant à cet égard. Mais cette fausse interrogation alimentait la bataille de la légitimité, pour son intérêt propre, croyait-il : se servir de Vincent pour mettre le médecin à l'abri des procédures, en mettant en scène le conflit familial.

Raison d'être de la mise sous tutelle demandée par le médecin en charge, formulée le 17 août 2015 par Daniela Simon, à son retour de vacances : « Les demandes à caractère extrapatrimonial de la famille sont nombreuses et contradictoires sans possibilité de trancher en l'absence d'un représentant légal. » Il s'agit des demandes de maintien ou d'arrêt des traitements. Les personnes favorables à l'arrêt des traitements, dont je fais partie, ne l'avaient été initialement que parce qu'un médecin l'avait décidé. La plupart d'entre nous n'avaient appris l'existence de cette décision qu'après les débuts de son exécution. Donc, dans un premier temps, nous soutenions le médecin. Puis, pendant deux ans, je m'appropriai de plus en plus cette décision qui était expliquée à de multiples reprises pendant les procédures. Deux ans plus tard, le CHU notamment prétend que le médecin n'a aucune opinion sur le sujet (car ce n'est plus le même). Par conséquent, les proches qui demandent l'arrêt des traitements sont des idéologues dépourvus de toute rationalité. Le procédé est là encore abject : le CHU prive les proches de la rationalité pour constater objectivement qu'ils sont dans l'irrationnel ; une certaine médecine prétend que ce n'est pas aux proches de décider, puis prétend ensuite ne pas savoir à quel proche obéir ; on prétend ne pas se mêler du conflit familial, tout en jouant sur les positions particulières des uns et des autres au sein de la famille.

Nous sommes reçus séparément par la juge des tutelles, le 20 novembre 2015. Après avoir fait un point sur la demande, elle interroge les avis des uns et des autres. Nous sommes majoritaires à nous opposer à cette tutelle. Qui n'intervient pas sur la fin de vie, mais seulement sur le changement du lieu de vie. L'enjeu de la procédure, devant le juge judiciaire, était bien le transfert de Vincent dans une unité choisie par ses parents – refusé à plusieurs reprises par le juge administratif. La décision est tombée le 10 mars. La juge ne fait pas l'impasse sur la demande, mais nomme Rachel tutrice, pour dix ans. Et elle se montre extrêmement sévère à l'égard du CHU, en s'interrogeant sur « les raisons véritables de la position consistant à solliciter l'ouverture d'une mesure de protection au bénéfice de Monsieur Vincent Lambert [...]. Une mesure de tutelle ou un tuteur [...] ne saurait remettre en cause les décisions de justice passées en force de chose jugée. » Elle accorde donc une certaine autorité aux décisions de justice se prononçant sur le cas de Vincent, à l'inverse du juge administratif.

Le jour même, Bernard Devalois intervient dans le *Journal de la santé* pour expliquer ce qu'il faut selon lui retenir de cette décision : « Là il y a une personne qui est chargée de représenter les intérêts de Vincent Lambert et personne d'autre ne pourra venir en justice et reprendre la guérilla juridique, qui est tout de même assez obscène. » Ce qui aurait permis en 2013 d'éviter la procédure des parents contre le CHU. Ce qui permet maintenant aux médecins de prétendre arrêter les traitements de qui ils veulent, quand ils le souhaitent. Ce qui permet à la logique de la loi Leonetti de s'affirmer un peu plus en jouant sur les peurs des uns et des autres : des médecins qui ne rendent pas de compte, des proches qui décident dans l'émotion et influencent le médecin. Bernard Devalois, qui pensait se servir de nous, ne se rendait finalement pas compte que d'autres se servaient de lui. Ceux-là mêmes qu'il prétendait combattre.

Les parents de Vincent font naturellement appel de la décision devant la cour d'appel de Reims. L'audience a lieu le 9 juin 2016. Et le 8 juillet 2016, l'arrêt de la cour confirme la décision de la juge des tutelles du 10 mars : « Ainsi ce signalement apparaît difficilement compréhensible alors qu'il appartenait au service hospitalier de mettre en œuvre la procédure que le médecin avait initiée et alors que la décision avait été jugée régulière par le Conseil d'État et non contraire aux dispositions de la convention européenne des droits de l'homme. » La cour lie ainsi la décision d'Éric Kariger de 2014 à celle à venir de Daniela Simon. Là encore, un peu plus ferme que le juge administratif : l'arbitraire sur une question de vie ou de mort ne semble pas envisageable pour elle, fût-il uniquement du côté de la vie. Fidèles à leur stratégie, les parents déposent un pourvoi. L'audience devant la Cour de cassation a lieu le 6 décembre 2016, et le 8 décembre, le pourvoi des parents est rejeté. Rachel est incontestablement tutrice. Pour dix ans. Je n'aurai plus de contact direct avec elle à compter de ce jour.

En plus de ces deux procédures, l'association en soutien aux parents de Vincent, l'Union nationale de familles de traumatisés crâniens (Unaftc), contestera la constitutionnalité de la nouvelle loi *via* une question prioritaire de constitutionnalité (QPC), qui permet de demander au Conseil constitutionnel d'abroger une loi violant la Constitution, notre norme suprême. L'association s'appuiera notamment sur l'acharnement des médecins et des pro-euthanasie à ne pas vouloir rendre de comptes au juge. Elle demandera donc à ce qu'il y ait de l'apaisement. La loi ne sera pas déclarée anticonstitutionnelle, mais l'association obtiendra que le droit au recours effectif permette aux proches d'un patient hors d'état d'exprimer sa volonté de contester une décision d'arrêt des traitements en justice, le 8 juin 2017, soit un mois avant la décision du Conseil d'État actant que les proches ne pouvaient défendre le supposé droit d'un patient de ne pas subir d'obstination déraisonnable.

Pendant ces deux années écoulées, cette même association (et une association partenaire, France traumatisme crânien, FTC) a mis en place un diplôme universitaire de spécialité dans la prise en charge des patients EPR/EVC. Ce diplôme n'est pas reconnu par le CNOM, mais il n'en demeure pas moins qu'il est mis en avant par nombre d'établissements chargés de ces patients. L'éthique qui y est pratiquée consiste à soigner les proches et à les apaiser pour leur permettre de communiquer avec le patient et ainsi ne plus juger de la qualité de sa vie.

Il y a ainsi une cohérence dans tout ce qui s'est passé entre 2015 et 2017, qu'on pourrait appeler l'acte deux de l'affaire. Je suis bien placé pour le savoir : un avocat a une stratégie. Le CHU avait ainsi la sienne, pas en tant qu'établissement hospitalier, mais en tant que représentant d'une certaine médecine. Tout en prétendant en être victime, ou être angoissé par cela, il a incité les stratégies adverses à se développer, et les a donc mises en scène. Mais au final, c'est la sienne qui a porté ses fruits, en tant qu'elle émane de la logique de la loi, et donc de celui qui détient le pouvoir. Cette stratégie a abouti à ce que les fondamentaux de la loi soient protégés, en marginalisant un peu plus les personnes favorables à l'euthanasie et la médecine qui voudrait arrêter des traitements sans rendre de comptes (avec le risque d'une « dérive euthanasique », selon la logique légaliste), et en protégeant la possibilité qu'a le médecin de maintenir en vie à tout prix. Possibilité qui semblait menacée par la nouvelle rédaction de la loi. Dans cette logique, le cas de Vincent était somme toute assez accessoire : le transfert aurait pu être accepté, comme il aurait pu être refusé ; Rachel aurait pu être tutrice, tout comme quelqu'un d'extérieur à la famille. La seule certitude, c'est que la toute-puissance doit être du côté de la vie.

L'acte deux peut donc se résumer ainsi, dans un « vous » qui s'adresse à ceux qui seraient favorables à ce qu'une hiérarchie existe ou à ce que la médecine n'ait pas de comptes à rendre, par ceux qui établissent le socle de la loi, notamment les personnes en faveur de la vie à tout prix, adeptes de manipulations en tout genre :

– vous voulez que l'épouse ait le pouvoir ? Pas de problème, grâce à la tutelle. Pour le bien des prochains patients, deux ans de procédure entre le Conseil d'État et la CEDH sinon, rendez-vous compte...

– vous voulez que le médecin ait le pouvoir ? Pas de problème, grâce à la tutelle. Pour le bien des prochains patients, deux ans de procédure entre le Conseil d'État et la CEDH sinon, rendez-vous compte... ;

– le médecin doit être respecté dans sa libre appréciation de la situation médicale du patient. Et là, il a l'impression que le législateur, avec sa nouvelle loi, a opéré un transfert de pouvoir et veut adopter des solutions automatiques, sans nuance, sans contrôle, imposant ainsi une inversion des valeurs ;

– du coup, entre le médecin, les proches, la loi... on ne sait plus à qui appartient le pouvoir de décision ;

– le Conseil d'État nous rassure finalement en nous disant que ce sont bien les médecins qui ont le pouvoir, et qu'il est encadré dans le cas d'un arrêt des traitements. Mais c'est normal, la décision est médicale, et c'est pour ça que ce n'est pas une question de pouvoir ;

– c'est d'ailleurs ce que nous demandent « les gens », que l'on puisse décider souverainement, en humanité, arbitrairement un maintien en vie, et vertueusement un arrêt des traitements. C'est cela qui les protège, et protège le patient ;

– quelle indignité ont eue les autres de se servir d'un être humain en état de grande vulnérabilité pour faire valoir leurs revendications au pouvoir.

Il est probable qu'on ait plus affaire à un schéma pervers qu'à une méthode altruiste de règlement des conflits.

Nous venions donc de perdre deux ans, pour rien. De mon côté, j'allais continuer mes démarches juridictionnelles – sur lesquelles je reviendrai – car j'étais animé d'un idéal de justice, que manifestement le Conseil d'État ne partageait pas. Il favorisait même, lui aussi, et donc de concert avec le CHU, les clivages entre les trois forces présentes dans la problématique de la fin de vie, l'une d'entre elles seulement demandant que la justice puisse se prononcer. Je ne voulais pas que les pro-vie soient les seuls à avoir accès au service public de la justice, et donc, d'une certaine façon, à être inclus dans la

République. Pour cela, je poursuivais mes études de droit.

À partir de 2015, mes souvenirs liés à l'affaire et ceux qui ne lui sont pas connectés ne sont plus cloisonnés. L'affaire devient mon seul sujet de conversation auprès de mes amis, au risque de les fatiguer parfois. Mes études deviennent souvent douloureuses, puisque le droit supposé d'un patient est ici la meilleure manière de tenir ce dernier en échec. On se bat dans les tribunaux pour imposer des concepts grandiloquents à un être réifié dont on ne se soucie guère. Et on ne peut le critiquer, car le critiquer, c'est se substituer au médecin.

En septembre 2017, ayant fini mon master 1, je passe le barreau. Que je réussis. Cet examen constitue la véritable sélection pour devenir avocat, après une formation de deux ans, qui se termine en 2019.

8.

Vincent est assis face à son père lors d'un repas de famille. Je suis à côté de lui. C'est la fin du repas, les conversations deviennent plus éparpillées. Plus intimes. Vincent parle à Pierre de la Seconde Guerre mondiale. D'une façon très ironique, comme il le faisait souvent. Ironie qui échappe plus ou moins à mon grand-père :

« T'as été résistant pendant la guerre, toi, non ?

– Oh ben tu sais, on l'était tous un peu.

– Ouais, mais toi plus que les autres non ?

– Si on veut, oui. Tu sais, quand des gens viennent chez toi alors qu'ils ne sont pas invités, ça ne te fait pas plaisir !

– T'as fait quoi, par exemple ?

– Des fois, on écrivait des messages contre les Allemands sur des petits bouts de papier, qu'on repliait et qu'on laissait discrètement tomber par terre, ou on se cachait et quand une patrouille passait, on criait "Dehors les boches !"... »

À ces mots, Vincent se met à pouffer. Son rire était, comme souvent le mien, désespéré, fataliste, moqueur et surtout terre à terre. Je ne sais pas ce que lui ou moi aurions fait pendant cette période, mais ce n'était pas le sujet. Nous riions plutôt de son père, semblant avoir résisté pour la seule raison que l'occupant était étranger. La Fraternité Saint-Pie-X se présente elle-même comme résistante. Une scission récente a d'ailleurs vu un mouvement se créer, baptisé Résistance, dans lequel officie maintenant l'abbé agresseur allégué de Vincent.

La résistance est une notion subjective : cela veut dire qu'on est, ou qu'on se sent, voire qu'on se place, hors cadre, car illégitime aux yeux d'une société. Parfois, ce sentiment peut amener à la création d'un réseau alternatif, d'une société parallèle. Au début de l'affaire, Pierre et Viviane se percevaient comme des résistants, dans la continuité de ce qu'est finalement la Fraternité Saint-Pie-X. Mais progressivement, les rôles allaient s'inverser. Les véritables absents ou « hors cadre » de l'affaire étaient maintenant les proches favorables à la décision d'arrêt des traitements. Nous étions exclus et tentions malgré tout de faire entendre notre voix.

Priver de rationalité la décision d'arrêt des traitements de Vincent en 2015 a provoqué un vide de sens chez ses proches, et notamment chez moi. Vide qui a été créé artificiellement par la médecine dominante, qui a pu s'engouffrer dans la brèche : si, dans ce néant, on est favorable à l'arrêt des traitements, c'est qu'on est du côté de la mort. Façon extrêmement simpliste de poser le débat, surtout après tout ce qui s'était passé. Tout le reste ne fait que découler de cela, et engendre ainsi un mouvement de balancier : l'espoir pour les proches que cela se finisse entraîne un recul en face, au vu de la personne qui serait « du côté de la mort ». Par exemple : le communiqué de presse du CHU dans lequel il affirme qu'il se conformera à l'arrêt de la cour administrative d'appel de Nancy, suivi de la simple transmission du dossier lors de la « passation de pouvoirs ». Cela prive finalement un proche de la possibilité de s'approprier la décision, sans cesse. Et alimente ainsi le vide de sens. Qui provoque un recul... Un cercle vicieux, qui a permis de passer, dans le cas de Vincent, d'une lutte contre l'obstination déraisonnable à une lutte pour la vie, avec peut-être un arrêt des traitements pour le patient dont on se sert pour créer du vide.

Ce mécanisme incite à casser les individus, sous prétexte de les débarrasser de leurs « mauvaises pensées », pour maquiller une résignation en « cheminement éthique ». Les proches d'un patient doivent rester des êtres passifs face au médecin. Sauf s'ils sont « du côté de la vie ». Comme finalement dans le cas de l'obstination déraisonnable, la médecine ne s'occupe que de ce qu'elle a elle-même créé. Il s'agit d'une vision élitiste, dans ce qu'elle a de plus dominatrice.

À titre personnel, si je devais penser que l'euthanasie équivalait à un assassinat, dans un pays qui y est largement favorable, je remettrais en question ma grille de lecture. Mais pour la médecine ou les juristes dont on parle ici, il semblerait que ce ne soit pas le cas : il y aurait bien une majorité de Français favorables à l'assassinat de masse. Penser cela ne les gêne nullement : cet état de fait les oblige au contraire à faire de la pédagogie, persuadés qu'ils sont que, à terme, ceux qui entretiennent l'idée selon laquelle l'autodestruction serait une bonne chose deviendront minoritaires, face au « bon sens » qu'ils représentent. Pédagogie qui consiste à rassurer les proches, pour les sortir de l'emprise des idéologues, en étant ferme à l'égard de ces derniers, en prenant le temps, et en insistant sur le sérieux avec lequel on fait les choses, quitte à les refaire plusieurs fois. À force de côtoyer régulièrement ceux qu'on appelle les pro-vie, j'ai l'impression que les défenseurs de la loi Leonetti n'envisagent pas une seconde que ceux-ci leur parlent finalement comme eux parlent aux autres, et qu'ils tentent eux aussi de leur enseigner l'humilité et la conscience face à leur certitude absolue d'avoir raison dans leur volonté de « donner la mort ». Tout montre que les défenseurs de la loi restent convaincus qu'un consensus reste possible avec les pro-vie. Les méthodes et les arguments sont pourtant ceux qu'ils avançaient avant la légalisation de l'avortement : confondre opportunément la douleur ou le mal-être avec une pulsion de mort, se substituer à la conscience de la victime de cette pulsion, en jouant avec son humanité pour mieux la culpabiliser et la mettre en position de demandeur, donc jouer avec la pulsion, la maintenir en place, et s'en trouver grandi. Pour prétendre soigner la société malade. C'est ainsi que fonctionnent en général les dictatures : elles étouffent les individus, les formatent, nient leurs différences, les transforment en êtres primaires, passifs ou violents, générant ainsi en eux un besoin de se trouver un ennemi commun pour libérer ses frustrations, générant également des rébellions, les deux entraînant pour le pouvoir la nécessité d'étouffer encore plus les individus. Et c'est l'inverse de ce que doit entreprendre la justice : canaliser, encadrer les pulsions, et ainsi éviter une justice sauvage.

Nous entrons désormais dans une phase de « normalisation », de stabilisation, après avoir replacé le curseur vers l'alliance naturelle entre défenseurs de la loi Leonetti et partisans de la vie à tout prix. Le navire a modifié son cap, il file maintenant dans la direction souhaitée. La loi est votée, ou, pourrait-on dire, l'ancienne loi a été revotée, le médecin choisi par le CHU sera totalement en phase avec « l'éthique » qui vient d'être décrite. Il s'agit maintenant de récolter les fruits de toutes ces concessions faites aux alliés, en rejetant sur les autres la responsabilité en cas de morcellement de cette alliance. C'est dans cette voie de réassurance à l'égard des pro-vie (qui ne manquent pas une occasion évidemment de dire qu'ils pourraient éventuellement être d'accord) que s'engagera le Conseil d'État, de l'aveu du président de la section du contentieux.

Si l'on adopte un point de vue pragmatique pourtant, les parents de Vincent ont toujours été clairs sur leur opposition à l'arrêt des traitements, et il allait être difficile de leur expliquer la nécessité de les arrêter après avoir délaissé le patient pendant plus de deux ans en prétendant que ce n'était pas très grave, qu'il ne souffrait pas, qu'on s'occupait bien de lui. Peut-être en revanche seraient-ils plus à même d'accepter la décision si elle était prise par une médecine dont les méthodes étaient sensiblement les mêmes que les leurs.

Le 25 juillet 2017, mon avocat demande au médecin d'engager une procédure collégiale. Il me répondra le 22 septembre, soit deux mois plus tard. Nous nous rencontrons le 14 novembre. Rien n'a changé pour Vincent, mais il assume parfaitement son droit de prendre une décision inverse de celle qui avait déjà été prise. L'éthique lui permet de balayer d'un revers de la main mes protestations en mettant en avant que j'empiète sur ses plates-bandes.

Le 9 avril 2018, je suis avec Rachel dans son bureau pour entendre sa décision. Elle sera peu ou prou celle d'Éric Kariger, avec les mêmes arguments. Je sais pourtant que cela n'annonce pas la fin de la torture. Il reste encore des procédures derrière. Comme depuis 2015, celles-ci n'auront rien d'humain, elles seront de la pure judiciarisation, permettant de perdre du temps.

Conséquence de sa décision, le médecin nous informe également que Vincent est, dès ce jour, non plus dans la sous-unité pour patients en état pauci-relationnel (EPC), qui n'existe plus, Vincent ayant été le dernier patient du service, mais qu'il se trouve désormais dans l'unité de soins palliatifs. Ce qui pose la question des lieux où ces patients risquent de se retrouver en sortant de réanimation. Car, en réanimation, on attend un consensus. Après, ils pourraient être pris en charge dans les établissements nouvellement « spécialisés », détenteurs du diplôme de l'Unaftc/FTC.

Le docteur Vincent Sanchez donne dix jours à Pierre et Viviane pour engager leur procédure de référé-liberté, soit jusqu'au 19 avril. Les parents déposeront le 17, avec toujours cette même mise en scène : ils lui sauvent la vie grâce à la justice. Leur requête compte soixante et onze pages. Les médecins nouvellement « spécialistes » seront de la partie, en se donnant cette fois-ci une légitimité qu'ils n'avaient pas auparavant. De même, l'Église sortira pour la première fois du bois. Le 15 avril 2018, deux jours avant que les parents ne déposent leur requête, le pape François évoque à propos de l'affaire, lors de la prière du *Regina cœli* (qui célèbre la résurrection du Christ), « une situation douloureuse et complexe ». Il demande que « chaque malade soit respecté dans sa dignité et soigné d'une façon adaptée à son état de santé ». Le 18 avril 2018, veille de l'audience devant le tribunal administratif, le pape intervient de nouveau : « L'unique maître de la vie du début à la fin naturelle est Dieu. » En trois jours, il a dépouillé ses propos de toute ambiguïté.

Le même jour en fin d'après-midi, des « médecins et professionnels spécialisés dans la prise en charge de personnes cérébro-lésées en état végétatif chronique ou pauci-relationnel (EVC/EPR) » signent une tribune pour le *Figaro*, dans laquelle ils évoquent à propos de Vincent, « un de nos patients », une « pulsion tenace de vie ». Ils demandent que soit ordonnée une expertise, sur le temps long, dans un établissement « spécialisé », et qu'une rééducation à la déglutition soit entreprise (il aurait récemment encore retrouvé un réflexe de déglutition qu'il avait perdu). « Certains d'entre nous ont pu visionner une courte vidéo, [...] il a des capacités de déglutition et de vocalisation. » La vidéo sera diffusée plus tard : cette tribune suscite chez le lecteur un désir de la voir. « Quand ils ne veulent plus vivre, ces patients meurent en quelques jours, voire quelques heures. » De quel fait peut-on scientifiquement déduire l'envie de mourir d'un patient ? Du fait qu'il meurt, selon eux.

Dans leur mémoire, Pierre et Viviane demandent à leur tour le transfert de leur fils le temps d'une expertise de plusieurs mois, mais dans un autre service du CHU de Reims, auprès d'un médecin avec lequel ils sont en contact et en qui ils ont confiance. Un prétexte : que ce soit au CHU ou dans un établissement « spécialisé », le nouveau médecin, sélectionné par les parents, devient de fait le professionnel en charge du patient. Et on ne pourrait alors plus obtenir de transfert ou d'arrêt des traitements.

L'audience du 19 avril est très longue. L'avocate de Rachel, inspirée par ma proposition auprès de Daniela Simon en 2015, plaide pour une décision confirmative – par celle-ci la décision du docteur Sanchez ne viendrait que confirmer celle du docteur Kariger. Dans son ordonnance du 20 avril, le tribunal répond logiquement à Rachel, épouse et tutrice de Vincent désormais : la décision n'émanant pas du même médecin, et l'autre décision n'existant plus dès lors que le médecin qui l'a prise a quitté le CHU de Reims, il n'y a rien à confirmer. Le CHU quant à lui, conformément à sa stratégie, n'a pas demandé que l'épouse décide ou qu'il n'y ait pas de procédure juridictionnelle. Il récolte ainsi les fruits de sa diversion par la tutelle.

Le tribunal ordonne également une expertise rapide, puisqu'elle doit être réalisée en un mois à compter de la nomination des experts. Pour déterminer notamment s'il était possible de nourrir Vincent par voie orale, éventuellement après rééducation à la déglutition, point qui avait déjà été tranché alors que l'état de Vincent ne s'était pas amélioré et qu'une nouvelle exploration de cette piste avait été mise en œuvre quelques mois auparavant par le CHU.

Le Triomphe du droit, en quelque sorte...

Émoi dans le monde médical, au nom du patient mais également des proches. J'ai beau ne jamais avoir eu de problèmes avec quelque médecin que ce soit avant cette affaire, dans ce contexte, ce qui se veut de la compassion est totalement inaudible pour moi. J'ai l'impression qu'ils reprochent au tribunal de les traiter comme un vulgaire neveu.

Le 2 mai 2018, les trois experts sont nommés et annoncent que les opérations se dérouleront le samedi 26 mai. Selon ce que l'on me dit d'eux, ils seraient des défenseurs de la loi Leonetti, mais favorables à la possibilité d'arrêter des traitements dans le cas des patients comme Vincent. Les parents de ce dernier les assaillent immédiatement de demandes. Selon eux, ils ne sont pas légitimes car pas détenteurs de la « spécialité » mise en place. En outre, ils ne répondent pas aux nombreuses demandes de Pierre et Viviane, et ne veulent pas pratiquer une expertise avec transfert pendant plusieurs mois.

Ils font donc l'objet d'une demande en récusation le 24 mai. L'opération d'expertise du surlendemain est annulée, pour ne reprendre qu'une fois la décision du tribunal rendue. La demande de récusation est rejetée le 6 juin 2018, après audience le 5 juin. Mais les experts s'« auto-récuseront » dans un courrier envoyé au tribunal le 10 juin. Ils demanderont que des personnalités incontestables forment le collège des experts, notamment Emmanuel Hirsch, un ou deux médecins « spécialisés » EVC/EPR, des défenseurs de la loi Leonetti, et un médecin de Belgique. Soit une large majorité de personnes ouvertement opposées à l'euthanasie, qui ne font pas que du médical mais aussi de l'éthique, quelques personnes favorables à la loi, et un seul médecin pro-euthanasie, forcément étranger (Steven Laureys devait être mon médecin-conseil lors de cette expertise, mais il a renoncé devant les « coups de théâtre » artificiels qui transforment cette affaire en une farce). Ce déséquilibre permet de rassurer les parents de Vincent, en surreprésentant leurs opinions, pour qu'ils sachent qu'ils sont inclus. Les exclus, ce sont les autres.

Je continue malgré tout de rappeler au tribunal que s'il pouvait y avoir acceptation de la décision par les parents de Vincent, cela se serait produit depuis longtemps. Que cette expertise, qui peut se dérouler sur une période de quelques semaines, voire de quelques mois si le tribunal le désire, ne servira pas plus que les autres, et qu'elle ne doit en aucun cas être accompagnée d'un transfert de Vincent. Je reçois, rapidement après, un e-mail du docteur Sanchez : il est hors de question qu'une expertise dure plusieurs mois ; il y a urgence pour le patient, à partir du moment où il a pris sa décision. Devrais-je donc m'engager pour que soit protégée l'opacité médicale ? Je préfère continuer de demander qu'un état de droit existe, y compris pour le patient qui subit une obstination.

Le 2 juillet, je commence mon stage PPI (projet personnel individualisé). Il est obligatoire, et doit s'effectuer ailleurs qu'en cabinet d'avocat, pour ouvrir ses horizons. Je le ferai au tribunal administratif de Paris. Je devais l'effectuer initialement au

Conseil d'État (le hasard a fait que l'on m'a proposé la première chambre, qui s'occupe notamment des « établissements publics et privés d'hospitalisation »), mais dès que je leur ai annoncé que j'étais le neveu de Vincent, j'ai reçu un e-mail m'informant qu'il serait « préférable que vous effectuiez votre stage ailleurs qu'à la section du contentieux du Conseil d'État ». Le stage est passionnant, les magistrats que je rencontre minutieux et intègres. Et je suis de plus en plus impatient de pouvoir pratiquer concrètement le droit ailleurs que dans l'affaire Vincent Lambert.

Le 2 juillet toujours, l'expertise est légèrement modifiée, dans un sens plus respectueux des parents (les experts devront répondre à leurs dires, leurs médecins-conseils pourront être présents lors de l'expertise), sans faire toutefois l'ultime concession : le confier à un « spécialiste ». Les experts sont nommés le 3 juillet, et auront jusqu'au 31 octobre pour déposer leur rapport. Donc trois mois de plus que la durée prévue pour la précédente expertise.

J'essaierai à nouveau de me renseigner sur eux. D'après ce qui ressort des éléments dont on me fait part, leurs opinions en matière de fin de vie seraient plus conservatrices que les experts précédents. Cela se déduit de la littérature médicale qu'ils ont produite ou, pour l'un d'entre eux, d'une certaine pratique de la religion qu'on me rapporte. On serait dans la continuité de ce mouvement de balancier mis en place depuis 2015. En tout cas, il apparaîtra par la suite que les parents de Vincent ne les assailliront pas de documents et d'exigences diverses, et qu'ils ne demanderont jamais leur récusation. Ils remercieront même chaleureusement un des experts. On devinera aisément lequel.

Le président du tribunal se déplacera en personne pour s'assurer que les opérations d'expertise du 8 septembre se déroulent comme convenu. Elles dureront une seule journée. Le 20 septembre, Pierre et Viviane déposeront une demande de récusation du président du tribunal, arguant de ce qu'il aurait empêché les experts de travailler correctement et d'arriver aux conclusions scientifiques qui s'imposaient selon eux. Rejet le 25 septembre. Le 27 septembre, ils demanderont à nouveau la récusation du président du tribunal. Rejet le même jour.

Les experts déposent un rapport préliminaire le 22 octobre. Ils constatent que l'état de Vincent s'est légèrement dégradé, qu'il n'est pas possible de le nourrir oralement (déglutition réflexe), autant qu'il est scientifiquement impossible pour ses parents de communiquer avec lui. Ils considèrent en outre que : « les explorations pulmonaires récentes ont montré des foyers d'atélectasie [*rétraction d'alvéoles pulmonaires*] pouvant correspondre à des épisodes d'obstruction bronchiolique sur fausse route spontanée notamment par la salive » (en clair : les fausses routes, dues notamment à la salive, ont laissé des traces) ; qu'il « a été établi que le patient, de son vivant [*sic*], avait exprimé ne pas souhaiter survivre dans une condition ainsi dégradée et sans aucune qualité de vie » ; que, « ainsi que beaucoup de médecins français, la réponse à ces besoins fondamentaux primaires (alimentation, hydratation, émonctoires, prévention cutanée, hygiène de base) ne relève pas de l'acharnement thérapeutique ou d'une quelconque obstination déraisonnable » ; que dans le cas des patients dans l'état de Vincent, une fin de vie ne peut se faire qu'en légalisant l'euthanasie et après avoir défini une hiérarchie au sein de la famille ; et enfin, « qu'il existe en France des structures pouvant l'accueillir jusqu'à sa disparition, que le retour à domicile est envisageable en France » (donc pas à l'étranger), et que « dans la situation entretenue [*?*] de dissensus familial actuel, et dans l'hypothèse où le Tribunal ferait droit à la demande des requérants [*de le transférer*], l'orientation du patient vers un autre centre est souhaitable pour sortir de certains antagonismes existants et aborder la suite de la procédure de façon sereine et médicalement normale ». Sur ce dernier point, les parents leur donneront évidemment raison.

Et c'est là leur conclusion. Le reste n'est que le chemin emprunté pour y parvenir. Cela confirme une nouvelle fois que le blocage concernant Vincent vient de la loi, et non de la complexité médicale de la situation du patient. Chaque médecin a sa définition de l'interdit euthanasique. Pour ceux-là, l'euthanasie signifie arrêter les traitements de Vincent. Des directives anticipées n'y auraient rien changé.

Le rapport définitif des experts est déposé le 19 novembre (avec vingt jours de retard, pour une journée d'expertise). « La réunion a eu lieu dans des conditions normales incluant sa durée conforme à la moyenne des expertises médicales en rappelant que le dossier ne présente pas de difficultés techniques à nos yeux. » Au moins ces experts assument-ils leur position au lieu de mettre la poussière sous un tapis de complexité artificielle qui justifierait l'enlisement de l'affaire ou l'impossibilité de confier le patient à un médecin qui ne le connaîtrait pas. Audience prévue pour le 20 décembre. Comme il se doit, quelques jours avant, une demande de dépaysement – quand tout un tribunal est suspecté d'être partial, et qu'on veut donc que l'affaire soit jugée par un autre tribunal – est déposée par les parents de Vincent auprès de la cour administrative d'appel de Nancy. Le tribunal de Châlons n'ayant pas récusé son président comme on le lui avait demandé, il est suspecté d'être partial. Nous avons appris cette demande par la presse, après que le tribunal nous avait seulement informés que la date d'audience initialement prévue était repoussée.

La demande de dépaysement est rejetée le 16 janvier 2019. Les parents annoncent immédiatement déposer un pourvoi en cassation, procédure pouvant durer des mois. Mais le tribunal, lui, annonce d'emblée une audience le 21 janvier 2019. Fureur des parents, le tribunal piétine selon eux leur droit au recours effectif. La veille de l'audience, le 20 janvier, le tribunal reçoit un courrier de médecins « spécialisés » affirmant que l'expertise n'a pas été réalisée dans les règles de l'art, notamment en ce qui concerne sa durée. « L'imagerie fonctionnelle [...] n'a de valeur qu'en cas de résultat positif. » En clair : soit on *sait* qu'il y a de la conscience, soit on *suppute* qu'il y en a ; on ne peut jamais arriver à la conclusion qu'il n'y en a plus. Et qui dit conscience dit vie, qu'on ne peut arrêter sans tomber dans l'euthanasie.

L'audience du 21 janvier est tendue. Le président de la formation de jugement fait ainsi remarquer à Jérôme Triomphe qu'il abuse de la mise en avant perpétuelle de ces médecins « spécialistes », qui n'ont de spécialité que celle qu'ils se sont donnée à eux-mêmes. Réponse de l'intéressé, avec sa superbe et son hyper-légitimité habituelles : « Vous aimez être dans la contradiction. »

Sans surprise, le tribunal validera la décision de Vincent Sanchez par une ordonnance du 31 janvier 2019. La seule avancée de cette décision, qui va à l'encontre de la jurisprudence du Conseil d'État : il n'a pas écrit que le médecin avait bien interprété les volontés de Vincent, mais que les volontés de Vincent étaient établies. Ce qui n'est pas, dans ce contexte, tout à fait la même chose, ni tout à fait anodin.

Le référé Lambert, créé en 2014, dure en général trois ou quatre mois, lorsqu'il est ordonné une expertise (pratiquement systématique dans ce genre de dossiers). Il aura ici duré neuf mois. Mais là, c'est exceptionnel selon les commentateurs, car il y a un conflit familial… Nous attendons maintenant l'appel au Conseil d'État des parents.

Entre-temps, après l'audience du 20 janvier, je rédige une plainte disciplinaire à l'encontre d'un des médecins « spécialistes » EVC/EPR ayant signé la tribune et la lettre envoyée au tribunal et n'exerçant pas dans le public, afin de pouvoir déposer moi-même. Je l'envoie le 29 janvier. Dans ce cas, le dépôt de plainte entraîne automatiquement une séance de conciliation entre le plaignant et le médecin attaqué. Celle-ci aura lieu le 18 février 2019, au siège du CDOM de Seine-Saint-Denis.

Je suis d'un côté de la table, avec mes notes de recherche, et deux médecins de l'autre – le signataire de la tribune et un professionnel qui le défend. Le conciliateur, médecin également, est au centre. Il m'interroge d'abord sur les motifs de ma plainte. J'avance simplement que l'opinion personnelle du médecin ne lui donne pas tous les droits. Il a déjà celui de les imposer à ses patients, mais il ne devrait pas pouvoir tenter de les imposer à ceux d'un autre médecin. Au nom de la confraternité à laquelle il est tenu. J'évoque la spécialité non reconnue par le CNOM, et le caractère que j'estime non scientifique de ses déclarations, qui ne sont selon moi que des façons détournées de faire passer des opinions personnelles pour de la science, et d'en faire la promotion, en faisant miroiter à des proches la possibilité qu'il aurait d'améliorer l'état du patient, de communiquer avec lui… Tout cela étant en général sanctionné par les instances ordinales. Après la conciliation, le médecin ayant admis avoir lu les expertises médicales, je l'attaque aussi pour violation du secret médical : il aurait dû refuser de prendre connaissance d'une expertise qui ne lui était pas destinée.

Ce médecin est membre de l'association partenaire pour ne pas dire similaire au moins dans sa philosophie de l'Unaftc (qui réunit des familles de patients dans l'état de Vincent tandis que ce médecin fait partie de l'association qui réunit les « spécialistes » dans la prise en charge de ces patients, FTC). Au cours de l'échange, il dit avoir été contacté en 2014 par un conseiller d'État pour avoir des informations sur les patients comme Vincent. L'Unaftc était alors partie à la procédure devant le Conseil d'État. Il dit également bien connaître l'un des experts nommés par le tribunal quelques mois plus tôt. L'un des seconds experts, s'entend.

Je n'ai aucun moyen de vérifier ces dires, mais ils correspondent à une logique et s'insèrent dans des faits vérifiables : les seconds experts considéraient qu'on ne pouvait en aucun cas arrêter les traitements de Vincent, qu'on tombait dans l'euthanasie si on le faisait, et que, dans tous les cas, si un désaccord est exprimé par un proche, il faut maintenir ce patient en vie, pour sortir du « dissensus ». Précisément la position de ces deux associations depuis le début de l'affaire. Cela corrobore un « faisceau d'indices », selon l'expression consacrée par le juge administratif. Il est ainsi possible que le Conseil d'État ait demandé au tribunal administratif, en plus de prendre son temps, de nommer des experts en qui les opposants à l'arrêt des traitements pouvaient avoir confiance. L'audience devant le Conseil d'État a d'ailleurs semblé confirmer cette hypothèse.

L'affaire a été envoyée au CROM d'Île-de-France. Elle est toujours en cours au moment où j'écris ces lignes. Le CDOM de Seine-Saint-Denis s'est associé à la plainte, comme il en a la possibilité, mais seulement en ce que ce médecin aurait selon lui manqué de confraternité. Pas pour le reste. Je ne peux m'empêcher de faire le lien avec mon courrier envoyé au CDOM de la Marne en 2016, quand le docteur Simon refusait de répondre à ses obligations *à l'égard de son patient* (et non à l'égard d'un confrère). Ce dernier n'avait alors même pas pris la peine de me répondre. Ce qui là aussi fait apparaître une hiérarchie dans les gravités des atteintes faites aux personnes : certaines d'entre elles méritent plus de protection que d'autres.

Les parents de Vincent font appel de la décision devant le Conseil d'État le 18 février 2019, jour de la séance de conciliation au CDOM de Seine-Saint-Denis. Nous sommes donc dix mois après la décision de Vincent Sanchez, et à soixante et un de celle d'Éric Kariger. Dans leur requête, ils invoquent plusieurs conventions, dont une de l'Onu, interprétée par un comité particulier : ce n'est pas une juridiction (il ne donne que des avis), et il ne peut se prononcer après la CEDH, selon son propre règlement. Je prends les devants et lui envoie par e-mail dès le 19 février un document qui explique les raisons pour lesquelles une « plainte » des parents serait irrecevable.

Dans leur mémoire, les parents de Vincent demanderont le transfert de ce dernier à l'hôpital San Salvadour AP-HP, dans une unité « spécialisée » inaugurée le 18 janvier 2019, destinée entre autres à remplacer celle du CHU de Reims. L'AP-HP, c'est Martin Hirsch, président (et proche de François Hollande), et Emmanuel Hirsch, président de son Espace éthique et frère de Martin.

Lors de l'audience du 29 mars, Jean-Denis Combrexelle, nouveau président de la section du contentieux, prend la parole en premier : « Nous pensions que le temps long allait ramener de l'apaisement [...], c'est une affaire entre une mère et une épouse [...], nous ne voyons pas trop pourquoi autant d'émoi, alors que nous sommes de plus en plus souvent saisis, ce qui prouve bien que la loi est appliquée. » Chacun d'entre nous prend par la suite la parole, à diverses occasions. Lorsque Viviane parle au docteur Sanchez, elle s'emporte très légèrement. Monsieur Combrexelle intervient immédiatement : « Ce n'est pas le procès du docteur Sanchez ! » Après que j'ai évoqué les volontés de Vincent, Viviane reprend la parole. Elle répète à plusieurs reprises qu'elle n'a pas compris ce que j'ai dit, façon d'insister sur l'exclusion dont je fais l'objet, nécessitée par mon manque de passivité. Ce qui ne l'empêche pas ensuite de s'emporter contre moi, plus encore qu'elle ne s'est emportée contre le médecin. Mais monsieur Combrexelle n'éprouve pas là le besoin d'intervenir pour lui dire que ce n'est pas mon procès. Il échange ensuite avec le professeur Xavier Ducrocq, un des médecins-conseils des parents de Vincent, en lui demandant ce qui serait fait en plus dans un établissement « spécialisé ». Ce dernier évoque notamment la stimulation à outrance et la mise en place d'une communication. À la question : « Beaucoup de patients remplissent leurs directives anticipées ? », la réponse est claire : « Très peu. » La question « Que faites-vous lorsqu'il y en a ? » ne lui est malheureusement pas posée. Jérôme Triomphe prend également la parole : « Ici, nous sommes très bien reçus, et je peux vous dire que ça change du tribunal administratif de Châlons-en-Champagne. »

Après ces échanges entre personnes de bonne compagnie, l'avocat au conseil du CHU nous explique qu'il ne faut pas y voir un problème : selon lui, les experts devant le tribunal administratif n'ont pas écrit qu'il n'y avait pas obstination déraisonnable dans le cas de Vincent (l'avocate au conseil des parents de Vincent a écarquillé les yeux). Il affirme également qu'on ne sait pas ce qu'il s'est passé en 2015. Si on le suit, on ne peut apparemment même pas émettre d'hypothèse. Alors pourtant qu'il prolonge la situation de 2015 : le blocage alimenté par une absence de consensus que le monde médical nie – consensus qu'il prétend retrouver en se servant de Vincent.

Enfin, Vincent Sanchez, derrière lequel nous sommes donc obligés d'être pour défendre les droits de Vincent, affirmera que les volontés de son patient étaient dans son dossier médical, qu'elles ne faisaient évidemment aucun doute, mais que de toute façon, il avait besoin d'entendre les proches le lui répéter pour prendre sa décision. Puis Jean-Denis Combrexelle clôt l'audience : « Allez, chacun d'entre vous repartira avec des souvenirs qui vous resteront probablement toute votre vie, il faudra vivre avec. »

Le Conseil d'État valide la décision d'arrêt des traitements de Sanchez le 24 avril 2019. Partout, on évoque une victoire, une étape essentielle, alors que cette décision pourrait être rigoureusement la même que celle de 2014 (la seule différence est qu'elle ne sera pas citée dans le *Gaja*). Je me sens très seul, entouré ainsi de personnes enthousiastes, comme si nous devions tirer un certain plaisir de ces répétitions à outrance. Vincent, pendant ce temps, est encore branché dans sa chambre.

La répétition *ad nauseam* est par ailleurs encore alimentée par cette décision : le Conseil d'État corrige l'ordonnance du tribunal administratif, manifestement rédigée sous le coup de l'émotion. Les souhaits de Vincent ne sont plus établis, mais le médecin a pu estimer que son patient n'aurait pas voulu vivre dans cet état. À nouveau, il ne s'agit pas du patient, mais du médecin.

Après le Conseil d'État, il y a la CEDH, comme en 2014, éventuellement l'Onu, le juge des tutelles aussi, nouveau venu grâce au CHU... ce n'est évidemment pas fini. Nous aurons d'autres occasions de fêter des étapes essentielles, et de célébrer dans l'éthique la possibilité pour le médecin d'arrêter des traitements, et non la reconnaissance des droits du patient de ne pas subir d'obstination déraisonnable.

9.

Depuis 2015, une froideur absolue s'est construite en moi. L'inimaginable devenant petit à petit la norme, j'ai développé une carapace me rendant insensible aux péripéties. Notamment parce que je n'ai aucune visibilité quant à une éventuelle issue de l'affaire. Pour moi, elle ne se terminera qu'avec le décès de Vincent. Et je continue de vivre avec cette impression que des personnes s'amusent à tirer les ficelles, et à faire de nous des pantins.

Les procédures vont continuer, puisqu'il n'existe pas, en France, en matière de fin de vie, de décision définitive. Sous couvert de laisser au médecin la possibilité d'apprécier des éléments nouveaux, et donc d'éviter d'appliquer un droit brutal, nous sommes bercés dans un humanisme éthique qui serait le garant du respect de Vincent. Depuis 2015, j'ai toujours demandé que les tribunaux reconnaissent des droits à Vincent, même après quatre procédures collégiales et des dizaines de décisions de justice. Mais cela a toujours été vécu par ces personnes comme une offense faite à la médecine. La justice est un débat contradictoire, où chacun peut faire valoir ses arguments. Sauf en matière de fin de vie devant le juge administratif. Les raisons évoquées pour que le patient n'ait aucun droit propre sont toujours superficielles, et, à l'image de la médecine qu'il promeut, infantilisantes.

La possibilité d'envisager le juge comme un filtre pour concilier les droits du professionnel avec ceux de la personne dont il a la charge m'a toujours été refusée. Cela n'ouvrirait pourtant pas la voie à ce que des médecins qui ne connaissent pas le patient se prononcent : ils auraient toujours un droit de retrait s'ils ne sont pas d'accord. Ils sont eux aussi capables de juger de la pertinence d'une décision. De même, il semble évident que si un patient va mieux, il n'y a plus de raison d'arrêter ses traitements. Les juges qui refusent de donner des droits au patient pour éviter cela seraient de toute façon ceux qui auraient à se prononcer en pareil cas.

Le tribunal administratif de Châlons a bien tenté de dire que Vincent avait eu des volontés. Mais cela allait à l'encontre des droits du médecin, selon le Conseil d'État. Pourtant, entre la décision du tribunal et celle du Conseil d'État, je n'ai pas assisté à de grands bouleversements éthiques. On évoque souvent un « équilibre » de la loi. Je pense qu'il a été largement démontré que cet équilibre est plus politique qu'éthique. Par conséquent, la justice continuait pour moi d'avoir toute sa place.

Raison pour laquelle après l'audience menant à la décision du Conseil d'État du 19 juillet 2017, je rédige une QPC sur cette loi qui encourage l'arbitraire dans la défense de la vie, que j'envisage de déposer au cours d'une procédure en voie de fait. Devant le juge judiciaire donc, le juge administratif s'étant déclaré incompétent pour faire valoir les droits d'un patient, du fait de l'indépendance du médecin. Je demande toujours la même chose : si un médecin a constaté qu'il s'obstine sur un patient, et si cela a été en outre validé par des juridictions, alors le patient doit avoir des droits, contre lesquels ne peuvent pas aller les opinions de son éventuel nouveau médecin. Cela non plus ne fait pas remonter le temps. Mais si une décision affirme que ce parcours du combattant que nous avons connu entre 2013 et 2015 ne doit pas reprendre, et empêche qui que ce soit de remettre un doigt dans l'engrenage infernal que peut représenter la justice (et qu'elle représente de plus en plus dans l'affaire), c'est au moins prendre acte d'une injustice flagrante. Surtout, cela permet de mettre un coup d'arrêt à la répétition *ad nauseam* de l'affaire.

Je lance cette procédure en novembre 2017 ; à peu près au même moment, en octobre 2017, est engagée la quatrième procédure collégiale pour Vincent, menée par le docteur Sanchez. Une première audience a lieu le 30 janvier 2018 devant le tribunal de grande instance de Reims. En présence de Rachel. Le tribunal prévoit de rendre sa décision pour le 30 mars. Le docteur Sanchez doit quant à lui nous faire part des conclusions de la procédure collégiale en janvier. Il m'informe juste après l'audience qu'il la rendra finalement fin mars... C'est de mon point de vue un acte de torture, présenté comme de la rééducation éthique. Il est pratiqué par celui que l'on doit obligatoirement soutenir pour espérer que Vincent puisse partir. Il justifie d'autant plus cette procédure. Le 30 mars, le tribunal de grande instance (TGI) rejette ma requête. Lorsque je demande que le CHU trouve un médecin qui arrête les traitements de Vincent, le tribunal me répond que je ne peux pas forcer un docteur à rester à son poste. Je fais appel de cette décision devant la cour d'appel de Reims.

Pendant ce temps, les procédures devant le juge administratif reprennent, à la suite de la décision d'arrêt des traitements du docteur Sanchez du 9 avril 2018. Et les preuves du déni et de l'entre-soi s'accumulent. Dans l'attente d'une audience à venir, je transmets à la cour d'appel de Reims le pré-rapport des experts faisant part de leur opposition de principe à tout arrêt des traitements. Je lui transmets également des documents démontrant que la position de Rachel se rapproche grandement de la mienne depuis qu'il est clair que la tutelle ne va servir à rien pour les personnes favorables à l'arrêt des traitements. Enfin, je lui transmets le procès-verbal de conciliation devant le CDOM de Seine-Saint-Denis. Globalement, la loi et la jurisprudence ont permis que se mette en place un réseau qui ne soutient la loi Leonetti qu'en ce qu'elle le protège. Pas pour le reste. Le CHU, lui, a comme seul argument que l'affaire s'enlise du fait du harcèlement du neveu que je suis.

Le 2 janvier 2019, je commence mon stage d'avocat, dans le cabinet de celui qui me défend désormais dans l'affaire. Ce qui me donne la possibilité de m'y consacrer à plein temps si besoin. La procédure devant le juge administratif arrive ensuite à son terme, et le Conseil d'État autorise l'arrêt des traitements par sa décision du 24 avril 2019. Ils peuvent donc à nouveau être arrêtés. Comme ce fut le cas en 2014, entre le moment où le Conseil d'État avait rendu sa décision et le moment où la CEDH avait demandé à la France de ne pas l'appliquer. Comme ça aurait pu être le cas si Éric Kariger avait toujours été au CHU de Reims après la procédure devant la CEDH, ou si les décisions de justice avaient donné des droits au patient. Comme ça aurait pu être le cas également si le Conseil d'État en 2017 avait placé le patient avant le médecin.

Une audience est prévue le 28 mai 2019 devant la cour d'appel de Reims concernant ma procédure en voie de fait. Je me demande alors si le docteur Sanchez va attendre de savoir ce que la cour va dire avant d'appliquer sa décision, en me faisant porter la responsabilité de son choix.

Néanmoins, dès le 24 avril, pour les parents, une course contre la montre s'engage. Ils multiplient les procédures tous azimuts pour rester à tout prix dans le temps long, en espérant trouver des juges qui seront conciliants à leur égard, et ainsi obtenir le transfert de Vincent ou, à défaut, le départ de son médecin. Un nouveau marathon épuisant se prépare donc, avec cette épée de Damoclès « éthique » au-dessus de la tête de Vincent.

Ils déposent tout d'abord un recours devant la CEDH, et demandent, en parallèle, comme en 2014, une mesure provisoire visant à empêcher l'arrêt des traitements, le 23 avril 2019. Donc la veille de l'arrêt du Conseil d'État. Comme en 2014. Le 30 avril, la CEDH fait un communiqué dans lequel elle dit rejeter la demande.

Le 3 mai 2019 à 9 h 42, je reçois un e-mail du Comité de l'Onu, que Viviane et Pierre menaçaient de saisir, et qu'ils ont désormais saisi, en réponse au mien. Il m'informe ne pouvoir en tenir compte, avant de m'expliquer de façon très pédagogique comment se déroulera la procédure. Quelques heures plus tard, j'apprends qu'il demande à la France de ne pas appliquer la décision d'arrêt des traitements, le temps qu'il traite la plainte de Pierre et Viviane – ce qui peut durer plusieurs années. Entre cette annonce et la réception de l'e-mail promotionnel du Comité, je décide de ne pas faire partie de cette procédure. Les services du ministre des Affaires étrangères répondront le 7 mai à l'organe de l'Onu que le droit de Vincent de ne pas subir d'obstination déraisonnable (lire : la possibilité pour le médecin d'arrêter ses traitements dans le cas d'une obstination déraisonnable) s'opposait à ce que la France accède à cette demande. Mais pour les parents de Vincent, cette demande de l'Onu, qui n'est pas une juridiction et ne peut donc exiger quoi que ce soit de la France, constituera un socle sur lequel ils tenteront de s'appuyer. En prétendant que cette demande s'impose.

Le 10 mai en fin d'après-midi, je reçois un premier e-mail du docteur Sanchez m'informant que les traitements seront arrêtés dans la semaine du 20 mai. Manifestement, il y a urgence. Après six années de procédure, on tente enfin de le laisser partir, mais dans une ambiance qui est tout sauf sereine. Le docteur Sanchez évoque la décision « prise par le médecin en charge du patient ». Il m'enverra un second e-mail une heure plus tard, évoquant cette fois-ci « la décision d'arrêter la nutrition et l'hydratation artificielles de M. Vincent Lambert ». « J'ai fait une erreur uniquement sur votre courrier... » S'agit-il réellement d'une erreur ou d'une nouvelle affirmation ? Donner des droits au patient aurait pourtant permis d'éviter ce contexte que l'on connaît, et qui ne va pas cesser de se détériorer.

Le 13 mai, le nouveau président de la Conférence des évêques de France, archevêque de Reims, fait une déclaration : « On peut s'étonner que M. Lambert n'ait pas été transféré dans une unité spécialisée [...]. C'est l'honneur d'une société humaine que de ne pas laisser un de ses membres mourir de faim ou de soif. » Le même jour, les parents de Vincent déposent une requête devant le tribunal administratif de Paris pour demander qu'il soit enjoint au gouvernement d'empêcher l'arrêt des traitements, conformément à la demande de l'Onu (raison pour laquelle ils l'ont déposée à Paris et non Châlons-en-Champagne). Elle est rejetée le 15 mai sans audience. Le tribunal l'annonce par communiqué de presse. Ce qui met hors d'eux les avocats des parents.

Le 14 mai, les parents saisissent le juge des tutelles de Reims pour demander un changement de tuteur, le transfert de Vincent et l'interruption de la procédure d'arrêt des soins. Rejet le 16 mai.

Le défenseur des droits, chargé de l'application en France de la Convention que défend l'organe de l'Onu (quand il ne la viole pas lui-même), dira dans un communiqué du 17 mai, en réponse à une sollicitation des parents du 12 mai, que la France a justifié de circonstances exceptionnelles pour ne pas appliquer la demande de l'Onu.

Le 17 mai toujours, les parents de Vincent déposent un recours en voie de fait devant le tribunal de grande instance de Paris, toujours pour enjoindre à la France de respecter la demande de suspension de l'Onu. Leur recours est rejeté le jour même. Ils ne l'annonceront pas à la presse.

Le 20 mai au matin, donc huit jours avant que l'audience devant la cour d'appel de Reims concernant ma procédure en voie de fait n'ait lieu, le médecin en charge de Vincent arrête ses traitements et nous envoie un e-mail pour nous l'annoncer.

Toujours le 20 mai, le pape François tweete : « Prions pour ceux qui vivent dans un état de grave handicap. [...] Ne cédons pas à la culture du déchet. »

Le même jour, les parents de Vincent font une nouvelle demande provisoire auprès de la CEDH. La raison en est simple, un juge différent se prononce toutes les semaines. Ils espèrent tomber sur celui qui statuera dans leur sens. Mais dans une interview donnée au *Monde*, le président de la CEDH dira que les demandes de mesures provisoires ne seront de toute façon pas satisfaites. Il ajoute que dans cette affaire, c'est à l'État français de faire ses choix (il serait peut-être temps, en effet).

Les parents font appel de la décision du TGI de Paris dans leur procédure en voie de fait le 20 mai au matin, en demandant à la cour d'appel de Paris une audience rapidement, toujours sans prévenir personne. Ce qui leur sera accordé le jour même, audience à 17 heures. Les avocats annoncent petit à petit, avant qu'elle n'ait lieu, cette audience. Alors qu'ils n'ont pas annoncé les autres, pour que personne d'autre qu'eux n'y soit présent. Je ne vois pas du tout comment ils pourraient obtenir la reprise des traitements, sauf à tomber sur des juges de leur milieu. On en a croisé quelques-uns pendant les procédures, mais toujours isolés, pas suffisamment nombreux pour faire basculer une décision (cinq juges sur dix-sept, par exemple, n'étaient pas d'accord avec la décision CEDH du 5 juin 2015). Sur trois juges, il en faudrait au moins deux.

Comme tout est envisageable, je reste prudent. En tout cas, je suis totalement froid. Même quand je vais voir Vincent, le jour même. J'ai plus ou moins la sensation de revivre 2013, l'espoir en moins : je n'envisage pas que les parents n'engagent pas de procédure. D'autant que le docteur Sanchez m'annonce que des huissiers sont déjà passés trois fois depuis l'arrêt des traitements, intervenu quelques heures auparavant.

Le même jour, sur le site de *Valeurs actuelles*, de nouvelles vidéos de Vincent sont mises en ligne, notamment celle de 2015 dans laquelle Viviane nourrit Vincent, déjà évoquée par les « spécialistes » dans leur tribune de 2018, censée démontrer qu'il devrait bénéficier d'une rééducation à la déglutition. Dans cette vidéo, on peut entendre un commentaire fait hors caméra : « Jérôme il a dit qu'il voulait trois cuillères. » Il pourrait s'agir de Jérôme Triomphe. Rachel dépose une plainte pénale contre ceux qui ont capté et diffusé ces images, qui violent clairement le droit à l'image de Vincent.

À 17 heures, a lieu l'audience devant la cour d'appel de Paris. Devant les trois magistrats, les avocats de Pierre et Viviane diffusent l'autre vidéo de Vincent nouvellement mise en ligne, après autorisation des magistrats, qui connaissent l'existence de la plainte de Rachel, qui savent également qu'elle représente Vincent, et qui ne l'ont pas informée de cette audience. Seuls les parents et l'Unaftc sont là, contre l'État et le CHU. Les journalistes sont cette fois-ci présents. Ils peuvent rapporter que la vidéo fait partie du dossier, que la décision sera prise en fonction de l'impact qu'elle aura eu sur les magistrats. Cela contribue à lui accorder une certaine valeur, que médicalement elle n'a pas. Juridiquement non plus, du reste : quel est son intérêt pour savoir si une demande d'un organe de l'Onu doit s'imposer à la France ? En fin d'audience :

« Maîtres, il vous la faut pour quelle heure, la décision ?

– 22 heures, ce serait pas mal. »

Je reçois vers 22 heures un appel d'une journaliste :

« Apparemment, la cour d'appel a enjoint à l'État de reprendre les traitements de Vincent, vous confirmez ?

– Ce n'est pas possible. Vous êtes sûre ?

– Non, c'est juste ce qui se dit. Je vous rappelle. »

Ce qu'elle fait cinq minutes plus tard, pour me confirmer.

Fin de la chasse à l'homme. L'épée de Damoclès s'abat à nouveau sur Vincent. Explosion de joie chez les soutiens de ses parents. Et préservation de l'éthique, la seule qui permette au patient de ne pas subir d'obstination déraisonnable, dans des conditions protectrices et respectueuses...

Le docteur Sanchez me téléphone vers 23 heures. Il a rebranché Vincent. Il me dit que c'est « dégueulasse », surtout pour son patient... C'est aussi mon avis... le même depuis 2015. Il me répond : « J'espérais que ça ne m'arrive pas. »

Il ne s'agit donc pas totalement du patient. J'ai beau avoir bloqué mon ressenti pendant tout ce temps, sans même m'en être rendu compte, j'ai à nouveau la nausée. Ce qui se passe relève du sadisme pur. C'est d'une violence inouïe. Et ceux qui s'en plaignent en premier lieu, les médecins, semblent toujours incapables de comprendre que la protection de leurs privilèges et le système mis en place par la loi ont permis que de telles atrocités se produisent.

Beaucoup de politiques et d'autorités religieuses se découvriront à ce moment-là. Notamment, le candidat aux élections européennes des Républicains, dont Jean Leonetti allait devenir le président par intérim juste après lesdites élections, se réjouira de cette décision, pourtant loin d'être impartiale.

En premier lieu, la voie de fait, pour être recevable, nécessite qu'il y ait viol d'une norme constitutionnelle. C'est précisément cela qui justifie que le juge judiciaire soit compétent au détriment du juge administratif. Dans ma procédure, j'invoquais notamment la liberté personnelle de Vincent de ne pas subir d'obstination déraisonnable, que le Conseil d'État ne défendait pas, qui pouvait se déduire de normes constitutionnelles déjà reconnues par le Conseil constitutionnel. Les parents ont quant à eux invoqué le droit à la vie, qui n'aurait pas été défendu par le Conseil d'État. Les magistrats leur ont donné raison alors que ce droit n'existe pas en tant que tel dans la Constitution – les partisans d'une interdiction totale de l'avortement demandent à ce qu'il soit reconnu par le Conseil constitutionnel depuis la loi Veil. J'avais ainsi pu lire, deux années plus tôt, en faisant mes recherches pour rédiger ma QPC, une décision du Conseil constitutionnel de juin 2001 qui mentionne une telle demande. Cela confirme que, même si on ne les entend plus, les opposants à l'avortement existent encore (78 sénateurs avaient saisi le Conseil constitutionnel, sur 348). L'Unaftc demandait la même chose dans sa QPC de 2017. Le Conseil constitutionnel adopte systématiquement la même attitude à l'égard de ces demandes : il les ignore volontairement, et ne répond qu'aux autres. Il ne reconnaît pas de droit à la vie, qui risquerait d'empêcher l'application des lois qui dérangent la mouvance pro-vie. En matière de fin de vie, il s'appuie sur le droit au recours effectif pour protéger le patient, et donc préserver indirectement son droit à la vie, ce dernier n'étant fort heureusement pas absolu. Les magistrats de la cour d'appel de Paris ont donc vu dans la Constitution un droit que le Conseil constitutionnel n'avait jamais reconnu. Par choix. Dans la continuité du combat contre l'avortement. C'est un marqueur, qui est loin d'être neutre.

En second lieu, pour qu'une procédure en voie de fait soit recevable, il faut que l'attitude de l'administration soit « grossièrement » illégale (la légalité devant être constatée, dans un État de droit, par les magistrats). Si la décision du docteur Sanchez, calquée sur celle du docteur Kariger, devait être considérée comme illégale, je ne vois pas très bien quelle décision ne le serait pas.

La décision de la cour d'appel de Paris est donc une aberration juridique. De fait, dans ce contexte, c'est une décision militante. Qui maintient Vincent en vie tant qu'elle n'est pas cassée d'une façon ou d'une autre. Un pourvoi en cassation peut prendre des mois, et donc nous replonger dans le temps long. Il s'agit bien, malgré tout, d'une victoire. Provisoire, comme elles le sont toutes depuis six ans. Mais elle contribue, parmi d'autres, à rapprocher dangereusement le provisoire du définitif.

La réaction, jugée obscène par certains, des avocats des parents de Vincent a joué un rôle fondamental pour la suite (les cris de joie, l'un qui se fait porter par ses fans tandis que l'autre hurle « la remontada ! »). Elle était la même qu'en 2013. Mais dans cette bataille de l'image, c'était la première fois que la recherche d'apaisement apparaissait pour ce qu'elle était.

L'État et le CHU déposent un pourvoi en cassation contre cet arrêt dans les jours qui suivent. La Cour de cassation, dans un sens inverse à celui pris par le Conseil d'État, rend une ordonnance de réduction des délais le 5 juin. Une date d'audience est fixée au 24 juin, pour une décision qui doit être rendue le 28. Soit des délais extrêmement courts, les plus courts qui puissent exister devant la Cour de cassation. Et ce alors que c'est l'assemblée plénière qui sera convoquée. C'est-à-dire la formation la plus large de la plus haute juridiction de l'ordre judiciaire.

Je m'interroge sur la raison de ce choix de formation de jugement, alors que l'aspect juridique est finalement assez simple : l'arrêt de la cour d'appel de Paris peut être cassé par trois magistrats. L'enjeu ou le retentissement médiatique peuvent justifier la volonté de donner une certaine solennité à la décision à venir, pour dissuader d'autres magistrats de se prononcer, par exemple. Mais fondamentalement, l'arrêt que se prépare à rendre la cour sera rendu dans la logique imposée par la loi et le Conseil d'État : le médecin a la possibilité d'arrêter des traitements s'il le souhaite. Elle n'est pas saisie d'autre chose.

Toutefois, dans la logique de ce que nous connaissons depuis 2015, l'État et le CHU continuent d'adopter la position victimaire des deux idéologies contre lesquelles ils luttent, la lutte contre les pro-vie (parents) passant par la lutte contre les pro-euthanasie (neveu), pour rassurer les premiers. Pour illustrer ce double harcèlement, qui ne profite qu'à leurs alliés, ils évoquent ainsi à la fois l'arrêt de la cour d'appel de Paris et ma procédure en voie de fait devant la cour d'appel de Reims. Qui, elle, conteste l'interprétation de la loi par le Conseil d'État, et la loi elle-même, à travers une QPC au Conseil constitutionnel.

Avec le temps, et la création du référé liberté, les différences d'approche entre le juge administratif et le juge judiciaire ont eu tendance à s'estomper.

Mais elles n'ont pas disparu. Lors de la procédure de mise sous tutelle déjà, le juge judiciaire avait montré beaucoup plus de fermeté que le juge administratif, alors même qu'il n'était pas saisi d'une décision d'arrêt des traitements. Et même si les deux ordres de juridiction sont indépendants l'un de l'autre, ouvrir la voie à une interprétation radicalement opposée à celle du Conseil d'État sur un sujet comme celui-là ne serait pas sans conséquences : la Cour de cassation pourrait faire comprendre que, de son point de vue, quand une décision a été prise, elle doit être appliquée, peu importe qu'il y ait un nouveau médecin dans le service. Donc, dans le cas de Vincent, que l'affaire aurait dû se terminer en 2015. Ce qui ouvrirait la voie à la possibilité de saisir le juge pour débrancher un patient contre l'avis d'un médecin. Ou plus simplement à ce que le Conseil constitutionnel se prononce et peut-être abroge la loi Leonetti. Donc de ne plus réserver le service public de la justice à ceux qui sont « du côté de la vie ». Pour pouvoir donner de telles indications à la cour d'appel de Reims, il est préférable de réunir l'assemblée plénière.

Le juge judiciaire juge normalement les parties présentes au litige, en fonction de lois qui doivent être appliquées, et interprétées, en ne se souciant que du cas particulier qui lui est soumis. Il n'y a normalement pas de dogme, pas de position incontestable, pas de parti pris, pas d'entre-soi devant lui. Bien sûr, ce n'est qu'un idéal, mais c'est un idéal qui existe de façon moindre devant le juge administratif. Ce qui peut expliquer que devant la Cour de cassation, de nombreux médecins demandaient à ne pas être privés de « leur » juge, comme le ministre de l'Intérieur ne voulait pas en être privé lors de l'affaire des clandestins du cargo *Felix*.

De l'autre côté, le Conseil d'État et le Conseil national de l'ordre des médecins se parlent, le Conseil d'État étant juge de cassation des décisions du CNOM, et un conseiller d'État présidant la chambre disciplinaire du CNOM. En matière de fin de vie, il y a ainsi position commune. Elle ressort de l'affaire, et peut se résumer ainsi :

— l'indépendance du médecin implique qu'il puisse prendre la décision qu'il veut, du moment qu'il respecte son patient, sous réserve qu'il ne transgresse pas l'interdit de l'euthanasie ;

— lorsqu'il y a conflit, c'est parce que des opinions non médicales s'expriment, et qu'il faut donc faire plus de place au médecin, afin de le protéger de la volonté des proches ;

— si le médecin est à l'origine d'un conflit, il faut déplacer le conflit pour en extirper le médecin ;

— l'idéal est alors une mise en scène où le médecin « revient » pour être placé au-dessus de la mêlée ;

— un arrêt de traitement étant une décision médicale, les non-médecins ne peuvent avoir ce type de pensée sans être dans l'idéologie, que la mise en avant du médecin doit permettre de neutraliser ;

– les proches ne doivent pas porter le poids de la décision, donc ce ne peut être un juge qui dit stop, le juge étant le prolongement de celui qui le saisit, à l'inverse du médecin ;

– il n'est pas possible d'enjoindre quoi que ce soit au médecin et il n'est pas possible non plus de le priver de son patient, car lui seul le connaît ;

– par ailleurs, si on enjoignait quelque chose au médecin, ce dernier perdrait de son autorité naturelle ;

– pour les mêmes raisons, un médecin qui prend une décision illégale ne doit pas subir de sanction ; il doit au contraire être accompagné et guidé dans sa pratique ; le médecin doit être respecté car il donne des antidouleurs, et pourrait donc ne pas le faire si on lui disait qu'un patient avait des droits ;

– les termes de « toute-puissance médicale » et de « paternalisme » sont des termes militants qui n'ont aucune signification pour le médecin.

Pour le Conseil d'État donc, le médecin n'est pas un justiciable comme un autre. Il existe une obligation légale de faire montre de déférence à son endroit, pour que les choses se fassent. C'est la principale différence entre le juge judiciaire et le juge administratif, dans leur fondement respectif, qui a pu justifier la création du référé liberté, qui se retrouve ici dans la problématique de la fin de vie.

Bertrand Louvel est le premier président de la Cour de cassation. Il est l'auteur d'une tribune, publiée le 25 juillet 2017 (soit six jours après l'arrêt du Conseil d'État refusant de donner le moindre droit au patient), plaidant en faveur d'une unité de juridiction. Ce qui implique nécessairement la disparition de l'une d'entre elles, logiquement celle dans laquelle officie le juge de l'administration. Après cette audience, Bertrand Louvel quittera la Cour de cassation. Cet arrêt sera donc son dernier. Ce n'est pas anodin.

Comme la Cour de cassation ne pouvait répondre explicitement à la question soulevée par ma procédure devant la cour d'appel de Reims, dont elle n'était pas saisie, elle ne l'a fait qu'en sous-texte, en se servant de la notion juridique de la voie de fait, et de ses limites, comme d'un marqueur. Chaque partie a fait valoir ses opinions en la matière en se servant de ce marqueur. Qui découle de la restriction de la possibilité d'invoquer la voie de fait après la création du référé liberté, cette dernière procédure ayant donné au juge administratif les moyens de se prononcer rapidement.

Cette procédure judiciaire repose depuis son origine sur l'article 66 de la Constitution : « Nul ne peut être arbitrairement détenu. L'autorité judiciaire, gardienne de la liberté individuelle, assure le respect de ce principe dans les conditions prévues par la loi. » Sur ce fondement, elle a couvert de nombreux sujets (respect de la vie privée, liberté du mariage...). Cela, avant la création du référé liberté. Mais dès lors que ce référé a existé, deux écoles de pensée sont nées : l'une prétendait que la voie de fait se limitait désormais à ce qu'on appelle la sûreté, c'est-à-dire la protection des individus contre les arrestations et les emprisonnements arbitraires (« Nul ne peut être arbitrairement détenu »). D'autres soutenaient que, même si son champ était désormais réduit, il pouvait encore y avoir d'autres hypothèses de voie de fait. Car on parle aussi dans l'article 66 de « liberté individuelle ».

Ainsi, au regard de ma demande devant la cour d'appel de Reims dans le cas de Vincent, lorsqu'on évoque le cantonnement de la voie de fait à la sûreté, cela se traduit par : de nombreux recours possibles pour défendre le droit à la vie du patient et un risque d'enlisement « éthique », mais aucun recours pour défendre son droit de ne pas subir d'obstination déraisonnable. Ce point de vue conforte l'alliance entre les défenseurs de la loi Leonetti et les partisans de la vie à tout prix. Les deux seront d'ailleurs liés dans les mémoires de l'État et du CHU. En revanche, si on ne limite pas cette procédure à la sûreté, alors le droit de ne pas subir d'obstination déraisonnable, supposément défendu par la loi Leonetti, pourrait éventuellement être reconnu par la Cour de cassation et justifier une procédure en voie de fait, voire justifier la transmission d'une QPC au Conseil constitutionnel, qui pourrait donc se demander si une telle loi, dans son fonctionnement, est respectueuse des patients.

Le pourvoi en cassation sera de mon point de vue la procédure la plus importante, en ce qui concerne le droit des patients. De toute l'affaire. Les six frères et sœurs de Vincent soutenant l'arrêt des traitements se joignent à moi pour déposer une intervention volontaire au pourvoi, là où un ou deux d'entre eux s'étaient parfois mobilisés avec moi lors des autres procédures. Le fait de rebrancher Vincent une seconde fois, la réaction des parents et de leurs soutiens, l'émancipation aussi qui s'est affirmée pendant l'affaire, tout cela a joué. Rachel est également intervenue de son côté. Les parents de Vincent ont défendu le droit à intervenir de l'Unaftc, mais contesté en revanche notre légitimité à donner notre point de vue.

Nous recevons les mémoires du CHU de Reims et de l'État. Le premier affirme, à propos de la décision de Vincent Sanchez : « À l'issue de la procédure collégiale, et après qu'aient été rejetés les nombreux recours juridictionnels formés par plusieurs membres de la famille », avec un renvoi à une note de bas de page : « Le 14 novembre 2017, Monsieur François Lambert a assigné le CHU de Reims [...] mais a été débouté de ses demandes par un jugement du 30 mars 2018. » Il confirme ainsi que le docteur Sanchez a volontairement attendu avant de rendre sa décision, comme pour me punir de l'avoir importuné avec une procédure. C'est malgré tout essentiel pour la faire entrer dans le débat devant la Cour de cassation. Plus loin : « À supposer que la liberté individuelle au sens de l'article 66 de la Constitution du 4 octobre 1958 inclue le droit à la vie. » J'ai déjà dit ce qu'il en était, et il n'y a pour le coup aucune discussion juridique possible sur ce point. Mais cela montre bien l'inclination du CHU.

Enfin, il exprime sa position sur le sujet : « La liberté individuelle s'entend de la liberté de ne pas être détenu de façon arbitraire. » Donc la voie de fait, pour le CHU, c'est la sûreté et rien d'autre. Ce qui était prévisible. Mais ce qui ne l'empêche pas d'écrire plus loin, sans avoir peur du ridicule : « L'arrêt du traitement procédait de l'exécution [...] de décisions juridictionnelles à caractère définitif. » C'est pourtant tout le problème, lorsqu'on arrête des traitements, on n'exécute aucune décision de justice. Sinon, l'affaire se terminait en 2015, ce dont le même CHU ne voulait pas. « Dans un État de droit, l'autorité administrative, dans les limites des pouvoirs qui lui sont dévolus, se doit de respecter et de faire respecter les décisions de justice. » Surtout quand elles ne lui donnent comme seule obligation de ne pas cacher un dossier médical (cf. l'interprétation de l'injonction par le Conseil d'État en 2017).

Pour l'État, les choses sont encore plus simples : « À la suite d'une réunion avec le neveu de M. Vincent Lambert, le Dr Simon a décidé de suspendre la procédure collégiale en indiquant que "les conditions de sérénité et de sécurité nécessaires [...] ne sont pas réunies." » Le docteur Simon était donc prête à faire face aux parents de Vincent et à leurs réseaux, mais pas au neveu. Alors qu'elle ne pensait qu'au bien de son patient, elle l'a oublié à la seconde où le neveu a franchi la porte de son bureau…

« D'autres libertés essentielles, telles que le droit à la vie ou à l'intégrité physique, sont également garanties par la Constitution. » L'État reconnaît donc également un droit à la vie dans la Constitution, contre toute réalité juridique. Imaginons que la Cour de cassation l'ait reconnu à son tour, tout en cassant l'arrêt de la cour d'appel de Paris. Cela aurait été un recul historique, qui aurait ouvert une brèche permettant à des lobbys de contester notamment l'avortement. Mais cela aurait été présenté comme la victoire de la lutte contre l'acharnement thérapeutique. Dans la droite ligne du reste de l'affaire, finalement.

Peu de temps après, nous recevons l'avis du procureur général près la Cour de cassation, François Mollins, qui demande une solution au nom de la société civile, et le rapport du président de la troisième chambre civile, qui doit rappeler l'état du droit. Et si on compare leurs positions respectives, on s'aperçoit que le marqueur évoqué plus haut joue à plein. Pour les deux, la notion de droit à la vie n'existe pas dans la Constitution, ce qui est une évidence. *Mais*, et c'est là que tout se joue, pour François Mollins, la voie de fait, c'est la sûreté (donc ici la reprise *ad nauseam* des procédures et l'arbitraire médical dans le maintien en vie). Pour le président de la troisième chambre en revanche, la voie de fait ne se limite pas nécessairement à la sûreté, mais plutôt à un « noyau dur » au sein des libertés fondamentales. Donc peut-être au droit d'un patient de ne pas subir d'obstination déraisonnable. En tout cas, il ne ferme pas la porte à cette idée. Dans les mots qu'il emploie, il semble être sur la même ligne que le premier président Bertrand Louvel, puisqu'il évoque la voie de fait comme exception à « l'immunité juridictionnelle » dont bénéficie l'administration. Définition du Larousse de l'immunité : « Droit de bénéficier d'une dérogation à la loi commune, privilège ; ensemble des mécanismes de défense d'un organisme contre les éléments étrangers à l'organisme. » Ça colle à tous les niveaux...

Lors de l'audience du 24 juin, les avocats de l'État et du CHU ne citent jamais mon nom, ni ma procédure en voie de fait. Si ce n'est en y faisant des allusions. Ils n'assument même pas leur position. Le CHU se plaindra en premier lieu des trente-quatre décisions de justice rendues dans cette affaire (notamment par le juge des tutelles, dont la saisine avait découlé des conseils prodigués au médecin en charge par le même CHU, qui concernaient diverses demandes : changement de tuteur, transfert, changement d'horaires de visite, extension des personnes habilitées à visiter...). Il évoquera ensuite « les trois types de procédures. Vous avez celles des parents du patient, et vous en avez un autre type, qui sont... un type de procédures... je vous renvoie à mes écritures, puisque je les décris. » Sans doute évoque-t-il là mes procédures, avec le courage de ses opinions, toujours (l'avocat de l'État fera de même). Puis il dira : « Dans votre jurisprudence, et je vous le rappelle car je crois que certains d'entre vous ont tendance à l'oublier ici, vous parlez de la confiance qu'on accorde à un juge en le saisissant, qui fait qu'on ne peut pas saisir ensuite un autre juge lorsque l'on n'est pas satisfait de la réponse du premier juge. »

Je suis assis juste derrière Jean Paillot et Jérôme Triomphe. Ce dernier se penche vers son confrère :

« De quoi parle-t-il ?

– De la procédure de François. » En effet, j'ai d'abord saisi le juge administratif, puis je me suis tourné vers le juge judiciaire, devant l'aberration de ce qu'imposait le premier.

La violence des mots et du comportement, assumée dans les mémoires de l'État et du CHU, montre bien combien cette procédure ne les met pas totalement à l'aise. En tout cas beaucoup moins qu'ils ne l'étaient devant le juge administratif. L'avocat termine sa plaidoirie en évoquant l'admiration que nous devons tous avoir pour « le médecin ». « C'est lui qui porte toutes les responsabilités [à quelques exceptions près, comme on a pu le voir], c'est sur lui que tout repose, c'est une décision difficile. »

Vient ensuite François Mollins. Il lit ce que nous avons reçu. À un moment, il évoque le dialogue des juges et « le respect que vous avez toujours eu de la jurisprudence administrative, qui fait que vous vous refusez toujours à rendre des arrêts qui divergent des arrêts rendus par l'autre ordre, dans une relation de respect réciproque ». Il demande donc aux magistrats de fermer la porte à une contestation de la loi devant le Conseil constitutionnel et de se ranger à l'interprétation de la loi opérée par le Conseil d'État. Ils sont pourtant indépendants, comme les médecins peuvent l'être. Mais ils devraient selon lui conforter le pouvoir de la médecine et son alliance avec les partisans de la vie à tout prix. Puis il s'arrête de lire, lève la tête et regarde les magistrats. Et se replonge dans ses notes, recommence la lecture... et se met à bafouiller.

Je ne laisse rien paraître, mais je sens une certaine force m'envahir à l'idée que, peut-être, des gens quelque part, qui ont une certaine autorité, demandent que la légitimité soit méritée et non innée, acceptent l'idée d'un débat contradictoire qui inclurait « l'éthique », et comprennent que mon point de vue n'est pas idéologique mais pragmatique. Un abus de pouvoir sans sanction, pour certains, c'est de la légitimité, qui leur est due. Pour moi, cela fait perdre toute légitimité. Et même sans légaliser l'euthanasie, on peut amender la loi actuelle pour qu'elle soit moins obscène qu'elle ne l'a été dans l'affaire Vincent Lambert. Donner des droits au patient, ce n'est pas une euthanasie. Et un contre-pouvoir au pouvoir médical, ce n'est pas non plus une euthanasie.

À la sortie de l'audience, il est clair pour moi que la Cour de cassation a deux possibilités pour casser l'arrêt de la cour d'appel de Paris (qui ne représente plus vraiment un enjeu à ce moment-là). Soit elle limite la voie de fait à la sûreté, voire exclut explicitement la fin de vie de cette procédure, soit, n'étant pas saisie directement de la question de savoir si cette loi donne réellement des droits aux patients, elle ne se prononce que sur l'arrêt de la cour d'appel de Paris. Il s'agirait alors d'un arrêt rendu en assemblée plénière, mais qui serait digne d'un cours de première année de droit, expliquant qu'il n'y a pas de droit à la vie dans la Constitution et qu'appliquer une décision légale n'est pas illégal. Dans cette dernière hypothèse, l'arrêt serait donc fondamental, non pas par ce qu'il dit, mais par ce qu'il ne dit pas. Il ne fermerait pas la porte à ma procédure, ou à une procédure équivalente, plus tard. Ce qui est, dans ce contexte, déjà énorme.

La décision tombe le 28 juin à 17 heures, jour de la fin de mon stage en cabinet. L'arrêt ne limite pas la voie de fait et casse simplement celui de la cour d'appel de Paris. Pour une fois, une note positive ressort d'une procédure. J'apprécie l'ironie de la situation. J'ai pris sur moi pendant six ans de porter la parole de Vincent dans les médias, jusqu'à cette audience devant la Cour de cassation, qui a déchaîné les passions, et dans laquelle j'intervenais aux côtés du CHU et de l'État. Pourtant, si ces derniers avaient gagné contre les parents, ils avaient perdu contre moi. Mais en sous-texte. Donc d'une façon qui est passée totalement inaperçue. Médiatiquement, nous avions tous gagné contre Pierre et Viviane.

Entre le tribunal administratif de Châlons-en-Champagne qui a établi les volontés de Vincent dans sa décision, celle du Conseil constitutionnel de

2017 obtenue par l'Unaftc, qui de mon point de vue ne peut pas se lire comme défendant exclusivement le droit à la vie, et cet arrêt de la Cour de cassation rendu en assemblée plénière, je pense, j'espère, que les conseillers d'État qui ont rendu la décision de juillet 2017 sont isolés, si ce n'est au sein du Conseil d'État, à tout le moins au sein de la juridiction administrative. En tout cas, le dialogue des juges, cher à François Mollins, ne peut aller que dans le sens des plus rétrogrades, comme l'apaisement ne devrait aller que dans celui des opposants à un arrêt de traitements, qui seraient les seuls à y avoir droit.

Rétrospectivement, je me dis que j'aurais dû changer d'avocat en 2015 et saisir directement le juge judiciaire, au lieu d'aller devant le juge administratif. Ma saisine de ce dernier avait largement contenté le CHU de Reims, et pour cause. Ce dernier avait encouragé le recul malgré ma menace de saisine du juge, car il savait qu'il ne risquait rien. Il était même demandeur de la jurisprudence que lui donnerait le Conseil d'État, dans le contexte d'une nouvelle loi qui risquait de donner des droits au patient éventuellement contre un médecin. L'arrogance du CHU aurait dû m'alerter à l'époque.

Dès lors que l'arrêt de la cour d'appel de Paris était cassé, les conditions étaient une nouvelle fois réunies pour que les traitements de Vincent soient, à nouveau, arrêtés. Les tentatives des parents n'allaient pas s'arrêter, aucune décision définitive n'ayant été rendue. En revanche, leur possibilité de saisine semblait s'être réduite. Aussi bien pour la médecine que pour les défenseurs de la vie à tout prix, il était de toute façon préférable que l'affaire s'arrête, pour qu'ils puissent ensuite continuer de défendre leurs causes respectives. Ils ne pourraient le faire en cas d'évolution de la loi ou de la jurisprudence que rendrait nécessaire un enlisement qui se prolongerait encore.

Au CHU, l'équipe médicale était soudée. Notamment parce que les membres qui n'étaient pas d'accord avec la décision, ou étaient simplement mal à l'aise, avaient pris des congés. Du moins, c'est ce que j'avais compris. Le 29 juin au matin, je reçois cependant un e-mail du docteur Sanchez : « Quelles que soient les opinions personnelles de chacun l'équipe du service est soudée en lien avec la qualité de la procédure collégiale et la décision prise [...] merci de ne pas rajouter des sources de tension internes. »

La décision du docteur Kariger de 2014 ne pouvait donc pas s'imposer au docteur Sanchez. En revanche, lui-même peut imposer la sienne aux autres membres de son équipe, à propos de son patient. « Décision collégiale de l'équipe médicale. » Qui doit donc se ranger derrière lui, car il a fait les choses sérieusement. Si on laisse penser que les membres de l'équipe sont d'accord, alors ils seront les cibles des personnes en désaccord. Donc, là encore, pour protéger l'équipe médicale, comme pour protéger les proches, on doit soumission totale au médecin en charge.

Aux autres patients, car il y en aura, dans le cas où aucune loi digne de ce nom ne soit votée, ou dans le cas où le législateur continuerait de revoter la loi Leonetti à chaque fait divers, cet arrêt de la Cour de cassation pourra servir. Il y aura normalisation de la fin de vie, et donc conscience de l'acharnement, même par des non-médecins. N'en déplaise aux « élites » qui voudraient une exclusivité sur ce sujet angoissant si confortable pour elles. Que des proches de ces patients, actuels ou potentiels, sachent qu'une issue s'est peut-être dessinée ce 28 juin 2019, en cas de blocage face à un médecin qui prétend que la loi, c'est lui.

Le 3 juillet au soir, l'arrêt des traitements reprend. Cette simple phrase illustre l'absurdité de l'affaire : on continue d'arrêter. Mais cette fois-ci, pour de bon.

10.

Je pars pour Reims le 8 juillet. L'arrêt des traitements a été annoncé sept jours plus tôt, mais est effectif depuis cinq. Dans la littérature médicale, pour un patient comme Vincent, le décès intervient entre une à deux semaines après l'arrêt de l'alimentation et de l'hydratation artificielles. Cette dernière n'est d'ailleurs pas totalement stoppée, car les antidouleurs doivent être dilués pour pouvoir être administrés par transfusion. Mais elle est limitée au strict minimum.

J'ai attendu quelques jours avant d'aller le voir, par précaution, même s'il semble qu'il n'y aura plus de nouveaux rebondissements, chaque force en présence ayant obtenu le maximum de ce qu'il était possible d'obtenir du fait divers « Vincent Lambert ». S'il n'y a pas de certitude en la matière, je suis pratiquement sûr de pouvoir lui dire adieu avant qu'il parte. Pour la troisième fois.

Le ciel est clair, mais la chaleur n'est pas étouffante comme elle peut l'être lorsque le contexte est lui-même écrasant. Je ne peux pas dire que je suis serein, mon esprit reste en alerte, mais j'ai la sensation que la pression baisse petit à petit. Pendant mon trajet, les avocats des parents annoncent que malgré tous leurs efforts, leurs recours se sont avérés inefficaces à empêcher l'arrêt des traitements. « L'heure est au recueillement avec l'ensemble de la famille, par respect pour Vincent. » Les parents se rangent derrière cet avis ; ils ne lanceront plus d'actions et ne s'exprimeront plus, et nous demanderont d'en faire autant.

Les autorités religieuses et politiques deviendront également muettes à ce moment-là de l'affaire. Ce « respect pour Vincent » est aussi un respect pour la cause. Les parents ne cessent pas leurs procédures par recherche d'apaisement. Mais simplement parce qu'ils n'ont pas réussi, cette fois-ci, à empêcher la décision d'être appliquée. Et s'ils ne décrivent plus un homme qui va mourir de faim et de soif, ce n'est pas par décence, mais parce que, à ce moment-là de l'affaire, cela pourrait encourager l'euthanasie, au lieu d'encourager la vie. Cette loi est finalement acceptable de leur point de vue, et désormais, les traitements de très peu de patients dans l'état de Vincent seront arrêtés en cas de désaccord d'une partie des proches. Les « spécialistes » prendront alors le relais.

Lorsque j'arrive à Reims, j'apprécie encore plus le soleil qu'au départ de Paris. Du vent l'accompagne, comme pour nous aider à moduler la chaleur en cas de besoin : des endroits sont baignés de lumière, d'autres sont dans l'ombre ; certains sont exposés au vent, d'autres moins, voire pas du tout. Au CHU de Reims, l'épée de Damoclès au-dessus de la tête de Vincent a disparu. Une fois passés les nombreux et discrets agents de sécurité, j'entre dans le service. Très calme. Aucune agitation, comme on avait pu en connaître avant.

Dans la chambre de Vincent, le scotch brun entre la fenêtre entrouverte et le mur, qui isole le conduit de l'air conditionné de façon très artisanale, ne représente désormais plus un bricolage qui renvoie au « cas Vincent Lambert », mais permet à la pièce, en hauteur, exposée au soleil une bonne partie de la journée, de conserver une température agréable pour ce patient cloué au lit depuis onze ans. Dans ce contexte, les stores partiellement baissés ne donnent plus une ambiance glauque, mais tamisée.

Rachel est déjà présente. Elle a les traits tirés, des cernes sous les yeux. Le 20 mai dernier, quelques heures avant que la cour d'appel de Paris ne se prononce, elle était radieuse, habillée de couleurs vives. C'était alors le premier jour de l'arrêt des traitements.

À ce moment-là de l'affaire, qui n'en est plus vraiment une, il n'y en a que pour Vincent. Ce qui n'était pas arrivé depuis des années. Il est là, tel que nous l'avons connu. Il n'est pas présent au monde dans l'état qui est le sien, comme diraient les soutiens des parents de Vincent, pour se justifier de plaquer sur lui leurs propres opinions. Son corps est présent, qui nous renvoie ce que nous connaissions de lui, l'image que nous en avions.

Après l'avoir saluée, je demande à Rachel si je peux passer la nuit qui vient aux côtés de Vincent. Dans le planning qui a été établi par le CHU, chaque « camp » de la famille a des tranches de visite propres, inversées un jour sur deux, pour n'avantager personne. Nous avons donc le droit de passer une nuit sur deux à son chevet, sur un lit de camp mis à notre disposition. Ce qui fait finalement peu de nuits avant qu'il parte. Entre trois et huit, toujours selon la littérature médicale.

Comme alternative, je propose à Rachel de m'installer dans la pièce qui nous a été réservée, un peu plus loin dans le couloir, à gauche en sortant de la chambre. La pièce réservée aux parents de Vincent se trouve, elle, à droite en sortant. Les trois chambres sont chacune séparées par deux ou trois autres, de patients « ordinaires ».

Rachel est hésitante, j'ai l'impression qu'elle réfléchit à ce qu'elle va me répondre, tout en me répondant. De sorte que je ne comprends pas ce qu'elle veut dire. Finalement, d'une façon presque impulsive, elle me dit que je peux dormir dans la chambre de Vincent. Cela lui permettra de se reposer un peu, car elle ne dort plus depuis des jours.

Depuis son accident, je n'ai pas visité Vincent quotidiennement, bien sûr, mais je l'ai malgré tout vu assez pour avoir assisté à des réactions de sa part relativement inhabituelles. Ainsi, avant l'affaire, quelques années après son accident me semble-t-il, et alors qu'il venait de s'étouffer dans ses glaires, retenant probablement sa respiration pendant qu'il toussait, ses poumons se sont vidés d'un coup. Le débit d'air était tel que sa voix, sous la forme d'un râle, se fit entendre. Son timbre était alors reconnaissable, grave. Le sien. J'en eus la chair de poule. Les étouffements étaient violents mais assez brefs. Le râle était plus long. J'ai dû en entendre deux ou trois en plus de dix ans. La plupart du temps, il toussait, simplement. Et encore le faisait-il de moins en moins à mesure que le temps passait.

Ce lundi 8 juillet, alors que je suis au téléphone à côté de lui, il s'étouffe longuement. Puis râle. Longuement également. Les sons émis sont d'une intensité inégalée dans l'expérience que j'en ai jusqu'ici. J'interpelle mon interlocutrice :

« Vous avez entendu ?

– Euh, non. »

Je reprends la conversation là où je l'avais arrêtée ; il recommence à râler, un râle rauque, de souffrance, selon nos critères de personnes conscientes.

« Mais... c'est quoi ? me demande-t-elle.

– C'est Vincent qui râle et s'étouffe.

– Mais... c'est horrible ! »

Je sors de la chambre pour poursuivre l'échange. Rachel passe à cet instant dans le couloir. Je comprends mieux son épuisement. Apparemment, la scène à laquelle je viens d'assister se répète régulièrement. Ce qui me sera confirmé par le docteur Sanchez, lorsqu'il me décrira la mort de Vincent – assez classique de son point de vue (il faut y voir la nature à l'œuvre) : il va suffoquer, car ses bronches vont se remplir progressivement, puis les reins lâcheront en premier, entraînant un arrêt cardiaque qui lui sera fatal.

La nuit que je passe est épouvantable. Je dors peut-être une heure au total. Parfois, Vincent respire très fort, excessivement vite. Puis il s'arrête subitement. D'autres fois, il respire tellement faiblement que l'on ne perçoit plus aucun son dans la pièce. Son silence me réveille alors, ou me fait ouvrir les yeux, et je me demande à chaque fois s'il est vivant ou mort. Tout cela est ponctué par des étouffements, et les râles qui leur succèdent. En une nuit, cela est arrivé une vingtaine de fois. Toujours intensément. Un corps horriblement souffrant, qui ne se repose plus du tout. Mais, comme on l'entendait alors partout, « ne vous inquiétez pas, il ne sent rien ».

Je n'avais pas du tout envisagé cela lorsqu'on m'avait dit qu'il étouffait « régulièrement ». Les irrégularités respiratoires sont en réalité constantes. Elles se succèdent. Je n'en suis plus à comprendre Rachel, j'en suis à me demander comment elle a fait pour tenir. Les infirmières passent toutes les demi-heures pour observer le patient et tenter d'alléger ses souffrances. Elles font très attention, essaient d'être discrètes, pour ne pas nous réveiller, dans le cas où nous serions endormis. J'assiste à des scènes surréalistes de contradiction : elles examinent une blessure qu'il a au pied pour s'assurer qu'elle se résorbe. J'ai l'impression qu'il s'agit d'un jeu : on ne le nourrit plus, on ne l'hydrate plus, et pour éviter de provoquer la mort, l'équipe médicale doit prendre soin de lui, et donc tout faire pour le maintenir en vie le plus longtemps possible. Il y a une logique : il reste un être humain dont on doit s'occuper jusqu'au bout, sans l'abandonner. Mais là encore, les définitions divergent. L'abandon peut être aussi le fait pour le médecin de provoquer la mort en arrêtant des traitements, et de ne pas l'assumer ensuite en prétendant faire son travail de médecin : soigner et maintenir en vie. Tout en faisant assumer le fait de provoquer la mort à ceux qu'il considère comme des idéologues. Lui n'a fait que se retirer. D'ailleurs, les pratiques elles-mêmes divergent, selon la culture du médecin, du mouvement médical auquel il adhère, des médicaments auxquels il a accès (les patients meurent beaucoup plus rapidement en réanimation).

Au matin, vers 6 heures (nous devions quitter les lieux à 7 heures), des machines au bout de son lit se mettent à sonner. J'en informe les infirmières dans leur bureau, après m'être assuré qu'il respire encore. Scène aussi surréaliste que la nuit passée : elles se lèvent précipitamment, presque enthousiastes : « Ah ! » Puis, constatant qu'il est encore vivant : « Ah, non, désolées. » Ce doit être aussi compliqué pour elles. D'autant qu'il leur revient concrètement la tâche de le maintenir en vie au quotidien, en lui administrant antidouleurs, en soignant ses blessures...

Je range mes affaires, dis adieu à Vincent, sobrement, et repars. Une nervosité s'est installée en moi pendant la nuit. Elle empêche un sommeil lourd pour lequel un réveil brusque est beaucoup plus violent que celui qui intervient après un sommeil léger. Dans la journée, elle m'empêchera de ressentir la fatigue. Elle se prolongera même jusqu'au décès de Vincent, comme si j'étais avec lui, mais à distance. Lorsque Vincent mourra, Rachel dira à Marie, venue la rejoindre : « Heureusement que ça n'a pas duré une semaine de plus, je me serais foutue en l'air, sinon. »

Le 11 juillet à 9 heures, je reçois un appel d'un journaliste de France 3 Champagne-Ardenne. Il me demande de confirmer le décès de Vincent. Pas encore au courant, je raccroche et envoie immédiatement un SMS au docteur Sanchez, lui demandant si Vincent est mort. Il me répond à 9 h 05 : « Oui, à 8 h 24. » Enfin...

Je ne ressens pas grand-chose sur le moment. Peut-être avais-je eu tellement d'occasions de me préparer que l'annonce de sa mort n'était qu'une formalité. Je perçois seulement l'amorce d'une baisse de cette pression qui m'habitait depuis six ans, à l'annonce de la fin du calvaire, la fin du combat étant intervenue quelques jours plus tôt.

Mais six ans, c'est long. La pression ne baisse pas d'un coup. Sur le moment, je ne me rends pas vraiment compte, alors que l'affaire a été au centre de ma vie pendant tout ce temps. Progressivement cependant, je me détends, un grand soulagement me gagne, mêlé à une certaine tristesse.

À peine ai-je lu le SMS du docteur Sanchez que je reçois, à 9 h 07, un appel d'une journaliste de France 2, me demandant de confirmer l'information du site de France 3 Champagne-Ardenne. Il ne sert à rien d'attendre, et plus vite ce sera terminé, mieux ce sera : j'envoie un communiqué, pour annoncer un unique point presse. Pour la première fois depuis le début de l'affaire, je ne réponds pas individuellement aux journalistes ; je ne tiendrais pas. Pas aujourd'hui.

À 10 h 30, Frédéric m'appelle : « On avait beau le savoir, c'est dur quand même. » Il n'est pas dans l'effusion, mais il pleure énormément, et les mots me manquent. Je suis d'un naturel distant, les instants de communion, je les évite en général. Comme Vincent, d'ailleurs. La communication est brusquement coupée. Je crois qu'il a raccroché, débordé.

Les réactions à la mort de Vincent sont nombreuses. Il s'agit d'« une insulte à l'éthique médicale », pour Emmanuel Hirsch. Le pape quant à lui dira : « Ne construisons pas une civilisation qui élimine les personnes dont nous considérons que la vie n'est plus digne d'être vécue. » Mais qu'importe. Pour moi, l'affaire s'arrête là.

Rachel avait déposé une plainte pour la violation du droit à l'image de Vincent, contre X, donc contre toute personne pouvant être impliquée dans l'infraction. Et notamment contre le site de *Valeurs actuelles* ayant diffusé les vidéos de Vincent. Mais, puisque celui-ci les a retirées de son site, le procureur lui fait savoir dès juillet que le droit à l'image de Vincent a été « déviolé » en quelque sorte. Jusqu'au bout donc, la tutelle n'aura servi qu'aux parents de Vincent.

La plainte pénale pour assassinat contre le docteur Sanchez, qui donnera lieu à une dernière violation de l'intimité de Vincent, dont le corps sera autopsié, ira quant à elle bien jusqu'à son terme. Elle résulte de la logique de la loi, et du jeu de rôles qu'elle a institué : elle servira à prouver que Vincent n'est pas mort des suites d'une « euthanasie ».

Le 12 juillet au matin, je dois me lever tôt pour enregistrer une dernière émission en studio, et clore ainsi le dernier chapitre de l'affaire. Le soir, je prévois enfin de décompresser, de sortir, de boire un peu, en prévision de la grasse matinée qui s'annonce pour le lendemain. Ce que je fais, avant d'apprendre à 20 heures que l'enterrement aura lieu le lendemain matin à 10 heures à Longwy. Nous sommes prévenus au dernier moment. Mais nous sommes prévenus.

Je me lève à 4 heures du matin. Je n'ai pas dormi décemment depuis une semaine. Lorsque nous arrivons, à 10 heures pile, tout le monde est là.

Certains ont roulé toute la nuit, venant du Gard ou de la Dordogne. Dominique, demi-frère de Vincent, frère de ma mère, sera le seul à saluer Pierre et Viviane. Tous les autres, parmi ceux qui soutenaient l'arrêt des traitements, s'abstiendront.

Le corbillard est arrêté devant l'église. Le cercueil de Vincent en est sorti. Clémence, juste devant, se met à pleurer. Je ne l'ai pas vue depuis des années. Je l'observe avec intérêt, me désolant de la découvrir ainsi isolée de tous ceux qui ont grandi avec son père, et de son parrain. Mais je ne ressens rien de plus. C'est sans doute la dernière fois qu'elle est là, devant moi. Et si ce n'est pas le cas, je ne la reverrai sans doute pas avant longtemps.

Quatre personnes portent le cercueil sur leurs épaules jusqu'à l'intérieur. Nous donnons les fleurs pour qu'elles soient disposées sur et autour de lui. Nous nous plaçons ensuite dans l'église. Pierre, Viviane, Anne, David et son épouse, l'une de leurs filles et son fiancé, sont assis d'un côté, tous les autres, nombreux, s'installent de l'autre.

La cérémonie se déroule de façon ordinaire. Tout a été préparé par « la famille de Vincent », selon l'assistante pastorale. Soit celle de Rachel. Le prêtre évoque une « longue nuit », de laquelle nous sortons enfin. Il ouvre ensuite les perspectives, évoquant les religions mises en place et recherchées par les humains pour pallier au mieux l'angoisse de la mort. Il finit par : « Tout a été réglé quand le Christ est arrivé il y a deux mille ans. »

Au moment de jeter vigoureusement de l'eau bénite sur le cercueil de Vincent, dans un geste en forme de croix, je pleure. Je ne pleure pas pour ce qu'on a fait subir à Vincent, comme cela a pu m'arriver. Je pleure parce que je lui dis adieu, pour de bon, et que je ne pense qu'à une chose : « Quel gâchis ! » Je vais me rasseoir, des larmes continuent de couler pendant quelques secondes.

Nous nous rendons ensuite au cimetière de Longwy, où nous marchons tous derrière le cercueil. Clémence est devant, elle se tourne, et, en balayant du regard les personnes présentes, me regarde fixement, curieuse. J'essaie d'esquisser un sourire maladroit, en dépit de ma mine épouvantable. Sa mère ne semble pas lui avoir parlé de nous. En tout cas pas en mal. Mais je ne suis pas à l'aise à l'idée de « voler » un échange de sourires avec elle.

Au bout du chemin, Vincent est mis en terre. En file indienne, chacun notre tour, nous lui disons adieu au bord de sa dernière demeure. Ensuite, la famille de Rachel s'isole. Je la rejoins, accompagné d'un demi-frère de Vincent. Nous voyant nous approcher, elle confie Clémence à son père. Puis elle vient vers moi, et dans un geste qui semble me barrer la route, me dit : « Merci d'être venu. » J'ai beau être habitué à cette impression que Rachel doit se protéger de « nous », ainsi que sa fille, je me disais que peut-être, avec le temps, elle arrêterait de tous nous mettre dans le même sac. Nous sommes en 2019, mais nous pourrions tout aussi bien être en

2013 : Vincent part, et pour Rachel, ce sera sans les membres de sa première famille.

À la sortie du cimetière, là où les voitures sont garées, elle se contente de m'informer que le magasin de pierres tombales nous attend. Elle le répète : « Ils vous attendent là. » Lorsque Marie demande si elle peut parler à Clémence, Rachel lui répond que sa fille est stressée quand il y a des gens qu'elle ne connaît pas. Quand Frédéric la questionne pour savoir s'ils vont se revoir, elle ne lui répond pas. Il me confiera ensuite : « Voilà, tout ce qui nous restait de Vincent [Clémence], on va en être privés. » Rien ne semble avoir changé dans la perception que Rachel a de nous, en dépit du fait que cette affaire aura eu un impact sur nous tous, et qu'elle nous aura, pour la plupart, rendus plus humains.

Nous commandons ensuite la plaque funéraire pour Vincent, et cherchons un endroit où déjeuner. La démarche est laborieuse, nous sommes nombreux, des groupes se forment, des discussions sont engagées. Sur leur smartphone, un groupe de trois ou quatre personnes ayant décidé de prendre les choses en main s'accordent sur le choix du restaurant, après échanges de suggestions et négociations. Nous atterrissons sur le parking d'un centre commercial juste à côté du cimetière, dans lequel est censée se trouver une cafétéria. Nous découvrons que ce qui était présenté comme tel n'est en fait qu'un petit vendeur de sandwichs. De l'autre côté du parking, se trouve un Buffalo Grill. Vers lequel nous nous dirigeons alors. Solution de repli.

Pendant notre déplacement, nous apercevons au loin Pierre et Viviane entrer dans le restaurant. Nous rebroussons chemin. La recherche d'un lieu où déjeuner reprend. Toujours sur le parking, quelques minutes plus tard, nous voyons, après être sortis du même restaurant, Jean Paillot, Jérôme Triomphe, Xavier Ducrocq... bref, les soutiens des parents, monter avec eux, Anne et David, dans le car de ce dernier. Direction le cimetière. Nous pensons qu'ils vont y pratiquer un rite tridentin dont Vincent n'a pas pu bénéficier dans l'église classique où a eu lieu la cérémonie religieuse.

Nous remontons dans les voitures, et arrivons finalement dans un autre restaurant, également perdu au milieu d'un centre commercial, mais de l'autre côté de la ville. Je ne sais pas trop d'où est venu ce choix. Je ne fais que suivre passivement. Lors du repas, Joseph désire échanger avec moi. Nous ne nous parlions plus, d'un commun accord, plus ou moins tacite, depuis six ans environ, quelques mois après que l'affaire eut commencé, en mai 2013. Déjà en juillet de la même année, j'avais prévu d'aller le visiter en Avignon, comme cela était devenu une tradition en période de festival. Mais j'avais finalement renoncé.

Nous nous parlons cette fois-ci comme si de rien n'était, ce qui me surprend. Je repense à toutes ces fois où des journalistes, avocats, connaissances, amis, m'ont demandé pourquoi je faisais tout ça pour Vincent, alors que j'étais simplement son neveu. La seule réponse qui me venait était une autre question : pourquoi ne ferais-je rien ? Il me semblait impossible de ne pas agir.

Rester impassible a aussi un coût. Ne serait-ce que par l'énergie que cela demande de maintenir une inertie inutile. La réponse à la question est finalement assez basique : je voulais en sortir sans regrets. Les regrets s'immiscent dans les souvenirs et leur donnent une tonalité douloureuse. Certains souvenirs de ma vie sont plus douloureux que d'autres, alors qu'objectivement, ils n'ont pas de raison de l'être. Ils le sont car quelque chose me « reste en travers de la gorge », quelque chose que je n'ai pas fait à ce moment-là, quelque chose que je ne me suis pas dit.

Si ça avait été le cas avec Vincent, le seul fait de voir Joseph aurait provoqué une telle douleur. Mais ça n'est pas arrivé. Je regrette toujours que les frères et sœurs de Vincent n'aient pas été un peu plus actifs. Cela ne m'a pas mis dans une situation aisée, et a pu même encourager la stratégie de l'apaisement sur le temps long, puisque j'étais le seul finalement à m'en plaindre. Mais je ne suis pas à l'origine de ce regret. Au final, nous aurons tous fait avec ce que cette affaire a provoqué en nous. Nous le faisions déjà avant, en réalité.

D'ordinaire, quand un événement est perçu comme imprévisible, il marque une rupture, dans notre histoire. L'affaire Vincent Lambert en est une dans le déroulé de ma vie. En revanche, nous avons tous inscrit l'accident de Vincent (avec toutes les réserves qu'on peut mettre sur ce mot) dans une continuité, comme s'il découlait du reste de son existence, de son histoire. Ce qui peut engendrer une certaine culpabilité. Qu'aurions-nous dû faire pour que cela n'arrive pas ? Pouvions-nous d'ailleurs faire quelque chose ? Nous n'aurons finalement d'autre choix que de rester sur notre faim dans la description que nous pouvons, chacun, faire de son parcours. Car on ne sait pas ce qu'il s'est réellement passé, le 29 septembre 2008, sur cette route rectiligne qu'il empruntait tous les jours pour se rendre à son travail. Et nous ne le saurons jamais. Mais nous émettons des hypothèses pour expliquer les raisons de cet accident.

Ce que Rachel a traduit, pour Clémence, par : « Vincent avait découvert le bonheur pour la première fois de sa vie » (je cite l'assistante pastorale lors de l'enterrement). Cette dernière va donc se construire sur ce mythe, qui sépare Vincent en deux : ses démons d'un côté (sa famille originelle dans son ensemble), et le bonheur de l'autre (Rachel et sa famille, « la famille de Vincent »). Je me dis que si ce mythe lui pèse un jour, elle pourra toujours creuser un peu plus la question.

Je m'en remets pour ma part toujours à la même chose : où en était Vincent au moment de son accident. Il était marié depuis un an. Il avait invité tout le monde, sans exclusive, au baptême de sa fille, un mois avant son accident. Y compris donc ses parents, desquels il était très critique. Joseph est le parrain de Clémence. Ces liens étaient présents au moment de son accident. Pour la suite, l'histoire de Vincent, c'était à lui de l'écrire.

Conclusion

De la nécessité de penser la fin de vie

Le débat sur la fin de vie en France est irréel. C'est un dialogue de sourds, un cercle vicieux, à l'image de l'affaire de mon oncle, dans lequel un dogme est posé en nuance et en humilité, dont seraient dépourvus tous ceux qui s'en éloignent.

On impose des impasses pour le bien du peuple. Car derrière celles-ci, c'est la confrontation aux angoisses existentielles dont la médecine entend nous protéger. Un exemple tout simple : devant le Conseil d'État en 2017, j'ai eu un intérêt à agir parce que j'étais proche de Vincent. Je pouvais donc contester la décision de ne pas arrêter les traitements prise par Daniela Simon. Mais parce que j'étais proche de Vincent, et donc non dépourvu d'émotions, je ne pouvais demander qu'on arrête ses traitements. C'est ainsi qu'on peut brandir l'impunité du médecin en charge comme relevant d'une démarche éthique : soit je ne suis pas assez proche, et alors je ne peux rien demander, soit je suis proche, et alors, je ne peux rien demander.

Dès que l'on aborde la possibilité de faire évoluer la loi, même sans légaliser l'euthanasie, on nous oppose les questions soulevées par ces enjeux éthiques. Qui sont donc, dans ce contexte, plutôt des réponses, puisqu'elles clôturent le débat. Et lorsque cela n'est pas suffisant, on lance de façon martiale un « c'est plus compliqué que ça », définitif.

La vraie complexité est en réalité de créer un cadre qui s'impose aux médecins, avec ses obligations et ses limites, et que, au besoin, un contre-pouvoir existe. La médecine française fonctionne principalement au prestige, devant l'ordre des Médecins notamment. Un avertissement en cas de mauvaise conduite est, ou devrait être, ressenti comme une blessure, et incite, ou devrait inciter, le professionnel à changer de comportement. Cela peut expliquer la raison pour laquelle le Conseil d'État en juillet 2017 a fait une injonction par voie de presse, en rendant un arrêt qui pourtant maintenait le praticien dans l'impunité. Avec cette logique absurde que s'il se sentait obligé, il ferait mal ou pas les choses. Le fait est que, pour un sujet aussi sensible que la fin de vie, les réseaux pro-vie n'ont retenu que l'impunité. Et si, par exemple, à force de pression, le CNOM se résout à donner un avertissement à un médecin qui aura piétiné les directives anticipées de son patient, ce ne sera, du point de vue du fautif, pas cher payé, pour avoir sauvé une vie. Il est évident que le droit de retrait ne sert ici à rien si le médecin en charge est le seul à savoir s'il doit ou non l'utiliser, et s'il pense qu'une euthanasie, ou un arrêt des traitements, ce n'est ni plus ni moins qu'un assassinat.

Une médecine qui fonctionne par « blessure d'orgueil » est aussi, de fait, naturellement orgueilleuse. Et ne voit de problème que lorsqu'il lui est totalement étranger. Elle ne comprend par exemple pas en quoi s'acharner sur un être humain en prétextant que c'est pour lutter contre tel ou tel lobby, voire pour punir son neveu dont on n'apprécie pas les mauvaises manières… peut choquer.

Elle se sent tout à fait légitime à le faire. Cela aboutit à une relation féodale des patients à leur médecin. La performance du système français, et l'illusion de sa gratuité, conforte certainement ce paternalisme. L'affaire aura ainsi enseigné aux praticiens qu'ils ont le pouvoir de maintenir les proches dans un tel désarroi, mais qu'il serait bien de ne pas le faire.

Ce prestige est également imposé par une absence de données concrètes (puisque l'obstination déraisonnable n'est pas un principe concret mais une démarche médicale inaccessible au commun des mortels) et des rapports « établissant » la perfection de la loi française, tout en déplorant qu'elle ne soit pas ou mal appliquée. Ce qui là encore ne signifie pas grand-chose quand on se refuse à identifier l'obstination déraisonnable. D'autres pays font pourtant preuve de plus de transparence.

Du fait de cette opacité, les lois Leonetti sont devenues un encadrement de petits docteurs gestionnaires. Certains arrêteront des traitements, d'autres pas. Pour le même patient. Les médecins qui considèrent un état comme indigne auront seulement plus de mal à imposer leurs vues aux proches récalcitrants. Cette position est assumée par le législateur, Jean Leonetti. Dans un article de *La Croix* du 22 novembre 2016, il affirme : « Après la loi de 2005, je me disais qu'il suffirait de la faire connaître pour faire évoluer les mentalités [...]. Il faudra peut-être pour cela attendre une génération, mais on y arrivera. » Chaque drame n'est ainsi qu'une étape de transition. En parallèle, on flatte le corps médical, espérant ainsi qu'il adhère à la loi et l'applique.

Sur le site Internet de *La Croix*, le 22 mars 2018, est paru un long article consacré à la fin de vie, et posant la question de l'euthanasie : « L'euthanasie serait-elle inéluctable, même au pays de la "troisième voie" ? » ; « En près de quinze ans, le pays s'est doté d'une législation ciselée, étayée par des années de débats et de confrontations sur un sujet complexe et intime, au point que l'on parle de "troisième voie à la française" » ; « Jusqu'où le ministère est-il prêt à accompagner le déploiement de la récente législation, donc de la troisième voie, portée par la France, loin de l'option choisie en Belgique ou aux Pays-Bas ? »

Je pense que quiconque lit ces extraits comprend que la France a pris la tête d'un combat sur la fin de vie, qui aurait inspiré les pays qui pensaient n'avoir le choix qu'entre euthanasie et maintien en vie à tout prix. La France, pays des Lumières, leur aurait ainsi proposé une solution nuancée.

De nombreux pays ont pourtant fait le choix de l'arrêt des traitements avant la France. On parle d'ailleurs souvent d'euthanasie passive (par opposition à l'euthanasie active). Par exemple, à Monaco, elle est autorisée par le Code de déontologie médicale adopté en 2002. Le médecin « doit s'abstenir de toute obstination déraisonnable dans les investigations ou la thérapeutique et peut renoncer à entreprendre ou poursuivre des traitements qui apparaissent inutiles, disproportionnés ou qui n'ont d'autre objet ou effet que le maintien artificiel de la vie ». C'est mot pour mot la loi Léonetti qui sera votée en France trois ans plus tard. Jean Leonetti est, encore à l'heure où j'écris ces lignes, maire d'Antibes, à une cinquantaine de kilomètres de la principauté.

En Belgique, l'euthanasie active a été autorisée par la loi du 28 mai 2002, et l'euthanasie passive a été autorisée par la loi du 22 août 2002. La loi y prévoit que les proches décident, avec une hiérarchie : époux, descendants, parents, frères et sœurs.

Les Pays-Bas ont quant à eux légalisé l'euthanasie passive par une loi du 12 avril 2001. La Suisse l'avait légalisée en 1995. En Albanie, le Code de déontologie médicale a été modifié en 1998 : si le patient n'est pas conscient, ses souhaits sont exprimés par sa famille. Au Danemark, l'euthanasie passive a été légalisée par une loi du 1er juillet 1998. En Espagne, une loi de 2002 est venue encadrer la possibilité qu'ont les communautés autonomes de légiférer en matière de fin de vie. En Géorgie, la loi sur les droits des patients de 2000 autorise l'euthanasie passive : le consentement du patient dans l'incapacité de communiquer est exprimé par sa famille ou son représentant légal, ou *à défaut* le médecin. En Hongrie, l'euthanasie passive est autorisée par une loi de 1997.

La Lettonie l'a elle aussi autorisée par une loi adoptée le 12 juin 1997 : dans le cas où le patient est incapable de comprendre les conséquences de ses actions, les membres de sa famille ou, s'ils n'existent pas, les parents les plus proches ou les représentants légaux du patient, ont le droit et la responsabilité de prendre les décisions pertinentes.

En Allemagne, le juge nomme la personne la mieux à même de porter la parole de la personne inconsciente, après avoir entendu tous les membres de la famille (le médecin se contentant quant à lui de faire de la médecine, ce qui n'est déjà pas si mal).

La majeure partie des pays ayant légalisé l'arrêt des traitements l'ont donc fait avant la France, qui s'est dotée d'une loi sur la fin de vie le 22 avril 2005. Par ailleurs, la « troisième voie » ne signifie pas nécessairement que le médecin décide unilatéralement ; les proches ont, pour certaines de ces lois, un rôle fondamental. Comment la France aurait-elle donc pu se retrouver leader de la « troisième voie », alors que tous ces pays ont voté des lois avant elle ? N'aurait-elle pas plus simplement adopté une loi après les autres, qu'elle aurait adaptée au prestige de la médecine française, telle que les autorités médicales semblent en rêver ?

D'autres pays, comme la Russie, la Pologne, la Bulgarie, l'Azerbaïdjan... interdisent toute forme d'euthanasie, active ou passive. Il n'est pas dit que la « troisième voie à la française » les fasse changer d'avis dans un futur proche.

Car elle n'existe, en réalité, qu'en France. La médecine pratique donc allègrement une communication qui repose sur le déni et le paternalisme, dans un clivage artificiel.

Cela se révèle particulièrement vrai lorsqu'on parle de la personnalité de Vincent, ce qu'il était avant son accident. Le docteur Daniela Simon a donné un avis motivé le 19 décembre 2013 dans le cadre de la procédure collégiale qui a abouti à la décision du 11 janvier 2014. Elle dit s'occuper de Vincent « depuis novembre 2011 », avant d'évoquer « les témoignages de la plupart de ses proches », et de plaider en faveur du « respect des souhaits de nos patients ». La décision du docteur Éric Kariger découlant de cette procédure collégiale fait état « des témoignages concordants des frères et sœurs et de son épouse faisant approcher des directives anticipées s'il avait eu l'opportunité de les rédiger ». L'arrêt du Conseil d'État du 24 juin 2014 valide : « M. Lambert avait clairement et à plusieurs reprises exprimé le souhait de ne pas être maintenu artificiellement en vie. » Ainsi que la Cour européenne des droits de l'homme le 5 juin 2015 : « Dans ces conditions, [la CEDH] est d'avis que *le Conseil d'État* a pu estimer que les témoignages qui lui étaient soumis étaient suffisamment précis pour établir quels étaient les souhaits de Vincent Lambert. »

Puis tout a repris depuis le début. Le Conseil national de l'ordre des Médecins a fait un communiqué de presse le 23 juillet 2015 : « Il appartient désormais à la justice de déterminer qui va représenter les intérêts de Monsieur Vincent Lambert et de mettre en œuvre, dans le cadre général de la loi, les moyens nécessaires à la protection et à la représentation de ses intérêts, et ce indépendamment de toutes les voix qui ont jusqu'à ce jour voulu parler en son nom. » Seul le médecin devrait pouvoir parler pour lui. Le tribunal administratif de Châlons a semblé vouloir s'émanciper de cette logique dans sa décision du 31 janvier 2019 : « La volonté de M. Vincent Lambert de ne pas être maintenu en vie dans l'hypothèse où il se trouverait dans l'état qui est le sien depuis maintenant dix ans, est établie. » Mais le Conseil d'État, dans son arrêt du 24 avril 2019, qui ne contient plus la phrase du tribunal administratif, préfère évoquer le fait que le médecin n'a pas « inexactement interprété la volonté manifestée par M. Lambert avant son accident ». S'il l'avait inexactement interprétée, aucun recours n'aurait été possible.

Lorsqu'on débat de la fin de vie en France, il n'y a qu'une seule euthanasie, et elle est interdite. Les militants qui y sont favorables voudraient organiser un référendum sur le sujet. Outre que cela pose la question de sa constitutionnalité, ce procédé ne va là encore que dans le sens des leonettistes : c'est le « pour ou contre ».

Lorsqu'un médecin arrête des traitements, il ne tue pas, il s'efface. Contester cela revient pour cette médecine à prétendre qu'on veut le forcer à tuer son patient et donc favoriser les praticiens qui savent qu'ils tuent. Or, ce message persistant est pourtant un appel à la responsabilité du professionnel. Qui doit assumer son acte. Certains d'entre eux qui arrêtent des traitements assument leur acte : ils le subliment, sont conscients de ce qu'ils font, et ne ressentent pas pour autant la culpabilité d'avoir tué. Mais pas tous, tant s'en faut.

Plus généralement, la médecine ne se retire que lorsqu'elle est suffisamment perfectionnée pour maintenir en vie. Il ne peut y avoir d'autres impasses thérapeutiques. On ne part ainsi pas de la maladie, encore moins du patient. La médecine ne peut s'avouer vaincue autrement qu'en constatant sa présence au bout du bout et sa suprême capacité à maintenir en vie.

En France règne donc l'interdiction absolue de l'euthanasie, qui serait par nature de la toute-puissance. Elle est donc pratiquée de façon clandestine, soit sans encadrement ni norme, et soumise au bon vouloir des médecins. Ce qui alimente les fantasmes. Qui justifient donc son interdiction. Lorsqu'on parle de la Belgique par exemple, on entend tout et son contraire : le paradis pour les uns, l'enfer pour les autres. Les seuls exemples qui nous viennent de ce pays concernent d'ailleurs des personnes capables de se déplacer pour chercher elles-mêmes les médecins qui seront d'accord pour pratiquer l'euthanasie. Telle Anne Bert, obligée de prendre nombre de dispositions pour être certaine de partir dans des conditions acceptables de son point de vue, en Belgique. On ne parle jamais là encore des réseaux, qui existent pourtant, et des deux côtés, qui font qu'un patient dans l'état de Vincent serait, en Belgique aussi, soumis au bon vouloir de son médecin.

Dans cette logique, la loi Léonetti serait un moindre mal, puisqu'elle n'engendre des réseaux que d'un côté, et donne lieu à une lutte pour le coup acharnée contre les réseaux de l'autre côté. C'est là encore, et toujours, faire l'impasse sur l'idée selon laquelle ce problème n'existerait pas si le médecin n'était pas totalement intouchable.

Ceux qui s'y opposent aiment souvent à comparer avortement et euthanasie. Pourtant, si on devait faire un parallèle entre ces deux sujets, ils ont principalement en commun ceux qui y sont opposés, et leurs méthodes. À l'époque, les partisans de la vie à tout prix, même pour un fœtus, voulaient faire de l'avortement un parcours du combattant, afin de décourager certaines femmes. Nombre de médecins participaient à cette « pédagogie ». La même pratique existe en matière de fin de vie. En ce qui concerne les volontés de Vincent par exemple : « S'il suffit de dire qu'il n'aurait pas voulu vivre comme ça, c'est trop facile ! » Peut-être pas tant que cela, finalement.

L'avortement a été totalement libéralisé à partir du moment où l'on a questionné le fœtus, et la notion de vie inhérente à lui. Raison pour laquelle un délai en nombre de semaines a été fixé et le réglemente. En matière de fin de vie, on ne peut prétendre que les choses se passent de la même façon pour tout le monde. Aucun raisonnement ne peut être plaqué sur la réalité.

Il doit donc y avoir un curseur, qui ne peut se limiter au médecin. Dans le cas d'une maladie dégénérative par exemple, à partir de quand peut-on arrêter et considérer qu'il n'est pas humain d'imposer au patient de vivre jusqu'au bout dans des conditions de plus en plus déplorables ? Une médecine qui n'a aucune visibilité sur l'évolution d'une pathologie qui peut s'avérer grave doit-elle ou non accéder à la demande de ne plus vivre d'un patient qui en est atteint ? Si on privilégie l'aspect médical en matière de fin de vie, comment faire en sorte de lutter contre les médecins, des deux côtés, qui enrobent de science leurs opinions ? Plus simplement, quelle est la place du médecin dans une loi évoquant la fin de vie ?

J'apprécie particulièrement la loi de l'État de l'Oregon, aux États-Unis, qui a légalisé le suicide assisté. Le rôle du médecin est réduit à la portion congrue : il constate que le patient n'a plus que six mois à vivre. Si c'est le cas et que le patient le lui demande, il lui donne une pilule, que ce dernier pourra ou non prendre si la douleur est trop intense, ou plus simplement s'il considère qu'il ne veut plus suivre la pente sur laquelle il est engagé. Si son médecin ne veut pas le faire, il doit lui donner les coordonnées d'un confrère qui le fera à sa place.

Une telle loi dans un tel pays peut surprendre. Pourtant, tous les ans, un rapport est établi, qui décrit les cas traités, établit le nombre de demandes, de refus, le nombre de pilules délivrées qui ont servi et de pilules dont le patient ne s'est pas servi... Très rarement, des patients la prennent dans des lieux publics. Moins rarement, la pilule ne fonctionne pas, et le malade se réveille. La maladie de Charcot par exemple entre dans le champ de cette loi. C'est pour moi la meilleure façon d'obtenir une loi qui ne juge pas le patient et pose en même temps des limites. La liberté est totale (sous réserve de la capacité à donner son consentement de façon libre et éclairée), dès lors que les conditions médicales sont réunies.

En France, aucune de ces questions n'est posée, puisqu'il s'agit de « questions éthiques », par nature « plus compliquées que *ça* ». Les opinions y sont plus favorables à l'euthanasie qu'au suicide assisté – je préfère d'ailleurs personnellement le terme d'aide médicalisée à mourir, qui peut englober les deux, et qui est beaucoup moins violent que suicide assisté –, du fait de cette révérence naturelle à la médecine. C'était aussi mon cas au début de l'affaire. Quelle que soit l'appellation choisie, il convient, dans tous les cas, de s'orienter vers plus de transparence et d'harmonisation. Cette volonté devrait du reste également prévaloir en ce qui concerne les arrêts de traitement.

Mais pour cela, le débat médical ne peut être laissé aux seuls médecins, qui écouteraient totalement, ou pas du tout, des proches ou des patients. De mon point de vue, c'est là que se situe le véritable enjeu de la fin de vie en France.

Aucune loi n'est parfaite. Il convient qu'elle soit pragmatique, sans se laisser enfermer dans une supposée excellence à la française, au détriment du patient. Cela permettrait d'éviter certains dogmatismes. De même, si la place du juge n'est pas définie à l'avance, il s'en trouvera qui s'empareront de toutes les affaires qu'on leur soumettra, en faisant au besoin valoir leurs opinions personnelles, telles que « la vie doit primer » ou « le médecin est toujours respectueux du patient, même lorsqu'il est dans l'arbitraire ». Donc il faut faire en sorte de canaliser l'usage de la justice en la matière, pour faire traiter ces affaires seulement par des juges dont la compétence est reconnue et, à défaut de neutralité, impossible à atteindre sur un tel sujet, en accord avec la loi. Sans partir du principe qu'en donnant des indications générales pour décrire un idéal de médecine, cette description deviendra, à force de répétition et de communication, réalité.

Car les « dérives » ne sont possibles que lorsqu'on a créé un mythe du médecin intouchable, et qu'on met ensuite en avant, quand on en a besoin, le spectre qui se cache derrière le mythe. À cet égard, les dérives ne sont pas propres à l'euthanasie, comme l'a de mon point de vue démontré l'affaire Lambert. Les leonettistes l'admettent en creux tout en n'évoquant ce risque que pour l'euthanasie. Pourtant, si la décision d'arrêt des traitements de Vincent a été contrôlée pendant six ans, c'est qu'ils ne sont eux-mêmes absolument pas convaincus par cet argument. On s'est assuré qu'il n'y avait pas de dérive, sans se demander si, en lui-même, ce contrôle forcené, et ce qu'il impliquait au regard de la mouvance pro-vie, n'en était pas une.

Je n'ai aucun doute sur le fait que des dérives puissent exister. Mais elles ne sont de mon point de vue pas le fruit de telle ou telle médecine comparée à telle autre. Elles sont le fruit d'une médecine qui est en roue libre, qui pratique l'éthique sans limite, quelle que soit l'éthique en question (l'écoute absolue du patient pour certains pro-euthanasie, la lutte contre l'euthanasie, par la « protection » des proches et du patient, pour les leonettistes). Je suis en revanche sincèrement convaincu qu'elles ne sont pas inéluctables.

Lorsqu'on évoque l'euthanasie, deux éléments permettent ces dérives de mon point de vue. Le premier : la place laissée à la subjectivité du patient. Ce doit être celui-ci qui décide pour lui-même. Mais les lois légalisant l'euthanasie reprennent souvent l'expression, après souffrance intolérable : « ou considérée comme telle ». Si, dans un cadre juridique (maladie incurable, dégénérative...), on donne le droit au patient de ne pas vouloir continuer, alors celui-ci est subjectif de fait. La seule raison pour laquelle on insiste dessus est pour permettre une interprétation éventuellement large de la loi (« considérée comme telle » contre « maladie incurable », par exemple, le premier prenant progressivement le pas sur le second ; de même, « souffrance physique *ou* souffrance psychique », le second pouvant aussi prendre le pas sur le premier), interprétation qui se ferait médecin par médecin. On sortirait ainsi du simple aspect médical, et on rendrait la subjectivité du patient incontestable.

Le second élément est le contrôle *a posteriori*. Aucune loi qui n'est pas totalement libérale sur le sujet ne peut définir avec précision, en quelques phrases, tous les cas de figure. Ceci est d'ailleurs une généralité quand on parle de loi, raison pour laquelle les juges font des interprétations (plus ou moins bienvenues). En matière de fin de vie, il y a ainsi une zone grise, nécessairement. Des états « borderline », pourrait-on dire. Le contrôle *a posteriori* permet de mettre l'organisme de contrôle au pied du mur. La zone grise, pour cet organisme, c'est soit une menace pour le médecin d'être condamné à dix ans de prison si on transmet le dossier à la justice, à tout le moins de se voir accuser d'assassinat lors d'une procédure éprouvante, soit une évolution de la jurisprudence pour dire que la zone grise, c'est finalement la zone blanche. Ce qui repousse automatiquement la zone grise un peu plus loin. Le prestige de la médecine qui se traduit souvent en corporatisme, et l'idéologie, peuvent là aussi jouer à plein.

Comment s'assurer qu'une loi soit également appliquée pour tout le monde, qu'elle empêche le paternalisme de s'exprimer (dans un sens ou dans l'autre), et qu'elle ne permette pas de dérive ? La réponse est simple, selon moi : il faut créer une juridiction (ce qui empêcherait d'en saisir une autre et de créer des « démembrements » pour les besoins d'une cause), qui ne soit pas composée que de juristes, mais dans laquelle interviennent des médecins, mais aussi des infirmiers et des aides-soignants, qui connaissent les patients en tant qu'humains, et non simplement en tant que diagnostics. Surtout, sa saisine devrait pouvoir se faire *a priori*. C'est-à-dire que concrètement, au lieu d'attendre d'énièmes procédures comme une épée de Damoclès au-dessus de la tête, ce qui favorise une attitude victimaire, un médecin pourrait saisir cette juridiction de lui-même, s'il sent que sa décision risque de poser problème. Il pourrait aussi demander avis s'il considère qu'il est dans la zone grise. Cela permettrait de la maintenir en place cette zone, en rappelant à chaque fois que c'est dans cette zone qu'on se trouve. Les médecins qui seraient dans la zone noire (interdite), qui n'auraient rien demandé à personne, n'auraient ainsi aucune excuse, et pourraient se voir sanctionnés. Pour le moment, ils ne le sont que très rarement, car dans l'inconscient collectif (et on se demande bien pourquoi), le médecin a toujours raison et il n'y a aucune loi qui permette de respecter les patients...

Les médecins (au sens des autorités médicales) n'auraient peut-être pas osé se servir d'un patient pour obtenir telle ou telle reconnaissance ou maintenir tel ou tel consensus dans un autre pays. Ils l'ont fait en France car ils savaient qu'ils ne risquaient rien à le faire. Il faut protéger le patient de ces manœuvres, en essayant de trouver un juge qui ne s'en rendra pas complice. Et pour ceux de mes détracteurs qui pensent que je suis à l'origine de l'enlisement, une telle juridiction aurait aussi pu protéger Vincent de son dangereux neveu...

Cette juridiction devrait de mon point de vue pouvoir être saisie par les proches d'un patient hors d'état d'exprimer sa volonté, qui sont favorables à un arrêt des traitements (ou à une euthanasie). Le mythe du médecin tout-puissant a vécu, et les proches ne porteraient pas plus le poids de la décision en la saisissant qu'en s'en remettant aveuglément à un médecin qui affiche fièrement son paternalisme et son droit à faire ce qu'il veut.

Elle pourrait aussi l'être par une personne consciente qui a du mal à se déplacer. En effet, on ne parle pas d'avortement ici, et de la possibilité qu'a une femme de contacter plusieurs gynécologues, ou d'aller les voir directement. On parle de patients qui parfois sont cloués au lit, ou qui ont pu choisir un service dirigé par un ponte dont les opinions en la matière sont très conservatrices.

Les pulsions seraient ainsi canalisées, au lieu d'être attisées comme cela a été le cas pour Vincent. Les conflits seraient évités et, s'ils devenaient inévitables, rapidement tranchés (une bonne fois pour toutes). Et le chef de service qui est un ponte dans son domaine ne se permettrait par conséquent pas d'imposer ses propres opinions en matière de fin de vie à son patient. S'il le faisait, il ne le ferait qu'une fois, pas deux. Et ses confrères feraient probablement très attention ensuite. C'est une autre pédagogie que celle mise en place par le Conseil d'État, car celle-ci laisse un peu de place au patient.

Si le médecin ne voulait pas arrêter des traitements/pratiquer une euthanasie après décision de cette juridiction, un autre médecin le ferait. Il pourra être ou non d'accord avec la décision en question, il ne se sentirait pas nécessairement obligé, au détriment de sa propre santé, comme le soutient le CNOM. Les cordonniers sont toujours les plus mal chaussés, dit-on. Et les médecins n'échappent pas à la règle. Nombre d'entre eux se prescrivent eux-mêmes leurs médicaments pour tenir le rythme. On ne sait pas ce qui passe par la tête des chirurgiens qui passent leur vie à découper des êtres humains... On peut limiter le nombre d'euthanasies sur une période donnée, par exemple, et même le nombre d'arrêts des traitements. Mais l'enjeu de la santé mentale des médecins ne passera pas par une jurisprudence bancale comme celle qui impose à un professionnel de tout reprendre pour qu'il puisse se réapproprier la décision, comme s'il ne pouvait pas le faire autrement. En étouffant du coup totalement le patient, et en permettant en revanche l'épanouissement d'une médecine résolument pro-vie. En outre, ce sujet dépasse de très loin le seul sujet de la fin de vie, qui présente déjà bien des problèmes spécifiques.

Une telle juridiction pourrait d'ailleurs voir le jour sans légalisation de l'euthanasie. Avec le risque que des « pro-vie leonettistes » y occupent des sièges, et que cela entraîne son lot de problèmes.

C'est une proposition que je formule et que je compte creuser dans une association, Le Choix, que j'ai rejointe à l'été 2019 (je ne voulais pas être encarté avant la fin de l'affaire). Elle a été créée en dissidence de l'ADMD. Nous essayons autant que faire se peut de continuer le débat, de ne pas tomber dans le piège des éléments de langage qui ne reflètent plus une réflexion mais deviennent un dogme publicitaire qui n'a aucun réalisme (cf. le référendum), et nous essayons de poser la question de l'aide médicalisée à mourir, ou aide active.

On a érigé une médecine d'un paternalisme effrayant, notamment avec l'affaire Lambert. Et on prétend en faire un modèle. Donc on espère que les professionnels s'en inspireront pour la suite. En attendant, on l'enseigne dans les facultés. C'est cette mentalité qui doit changer. Elle ne changera que par la prise de conscience de la population, et par une loi qui forcera cette médecine à changer, ou à tout le moins la neutralisera, en favorisant ceux des médecins qui sont d'accord pour respecter leurs patients, et en dissuadant ceux qui seraient tentés de faire valoir sur eux leur petit pouvoir, par malaise ou par malice.

Composition réalisée
par Rosa Beaumont

FSC
www.fsc.org
MIXTE
Papier issu de sources responsables
FSC® C003309

L'Éditeur de cet ouvrage s'engage
pour la préservation de l'environnement
et utilise du papier issu de forêts gérées de manière responsable.

Imprimé en France par CPI
en février 2020

N° d'édition : 60069/01 – N° d'impression : 3038067